日语
口语
教程

はじめての
日本語会話

李成浩　杨宁　王晓　〔日〕上山春菜　著

北京大学出版社
PEKING UNIVERSITY PRESS

图书在版编目（CIP）数据

日语口语教程 / 李成浩等著. —北京：北京大学出版社，2022.6
ISBN 978-7-301-33043-2

Ⅰ.①日… Ⅱ.①李… Ⅲ.①日语—口语—教材 Ⅳ.① H369.9

中国版本图书馆 CIP 数据核字 (2022) 第 086766 号

书 名	日语口语教程	
	RIYU KOUYU JIAOCHENG	
著作责任者	李成浩 杨宁 王晓 〔日〕上山春菜 著	
责任编辑	兰 婷	
标准书号	ISBN 978-7-301-33043-2	
出版发行	北京大学出版社	
地 址	北京市海淀区成府路 205 号 100871	
网 址	http://www.pup.cn 新浪微博：@ 北京大学出版社	
电子信箱	lanting371@163.com	
电 话	邮购部 010-62752015 发行部 010-62750672 编辑部 010-62759634	
印刷者	北京市科星印刷有限责任公司	
经销者	新华书店	
	787 毫米 ×1092 毫米 16 开本 16.25 印张 356 千字	
	2022 年 6 月第 1 版 2022 年 6 月第 1 次印刷	
定 价	58.00 元	

前　言

　　学习语言的目的在于运用，即使背了再多的单词却无法组成句子，或者在运用的时候拘泥于所学的语法，犹豫不决而无法开口，都达不到学习语言的目的。换言之，对于日语学习者而言，能说一口地道、纯正、流利的日语是其不懈追求的目标。但是，日语书面语与口语差别很大，而且表达方式会因说话对象的不同而改变，因此多数日语学习者都会将口语视为较难掌握的部分。尤其对于将来想从事翻译工作的学习者而言，口语表达能力更是举足轻重。

　　本书以注重培养和提高口语表达能力为目标，结合笔者多年教学实践经验，通过梳理国内外传统会话教材的特点，分析不同课程之间的关系，在课文结构设计和内容选取上，以"零起点"学生为对象，力求集专业性、实用性、趣味性于一身。对于语法现象一般不做重点详述，但对较难部分进行扼要说明。本书作为日语的"入门级"口语教材，不仅可作为大学日语专业（本科一、二年级）的口语教材，也可作为成人教育、行业培训及自学用书等。

　　本书分为音韵篇和会话篇两大部分。音韵篇主要以"五十音图"及基础音声内容为主，不仅配以图片和词汇，还融入了"日常用语"部分，把加深学习者印象与增加会话实用性进行了有效结合。会话篇共11课，以常用句型和语法为主线，在每一课分别设置了三个进阶式会话短文模块，从易到难、循序渐进。会话内容描述了大学校园、社交生活的不同片段，话题涵盖衣、食、住、行等多方面，对初学者了解日语口语特点、丰富日本社会文化知识、提高日语口语能力将大有帮助。

　　每课都设置有「学習目的」「学習項目」「基礎フレーズ」「ステップアップ」「ステップ3」「基礎トレーニング」「応用トレーニング」「新出単語」「コラム」等环节，强化学习效果。

　　「学習目的」介绍每一课的学习目标和重点；「学習項目」呈现的是每一课的重

1

点句型和语法要点；「基礎フレーズ」「ステップアップ」「ステップ3」分别对应从入门到进阶的不同模块，并在「会話」后通过「説明」「注意」对使用频率较高的基本语法和句型进行系统归类，以期达到举一反三的目的；「基礎トレーニング」设置在每个「会話」模块之后，通过中译日的形式帮助学习者进一步加深对会话短文的理解；「応用トレーニング」以情景式、任务式的演练方式，融入用词组句、会话演练、翻译等内容，强调学以致用；「新出単語」按单词在会话中出现的顺序，汇总了该课出现的所有新词；「コラム」作为小常识，集中呈现了日本的生活、文化方面的相关知识，这些也可作为课上的练习材料。

在此，对北京第二外国语学院及日语学院给予的指导和信任，对日语学院教研室教师团队的大力支持，对百忙之中参与录音的菅田陽平、浅野美加老师表示衷心的感谢。

还有，对为本书的习题制作、数据整理付出大量时间和精力的刘心语、徐方冰、刘影、郑孝翔、周海洋等同学表示感谢。

本书得到"北京第二外国语学院精品教材建设项目"全额资助出版，在此表示衷心的感谢。

最后，衷心希望广大读者通过本书的学习，迅速提高口语实战能力，变身日语会话达人，为留学、就业、升职铺平道路。

编者

2021年9月5日

目<ruby>目<rt>もく</rt></ruby> <ruby>次<rt>じ</rt></ruby>

Part 1
音韻篇

五十音図

日语文字由平假名、片假名、汉字构成。如下所示由11列5行日语假名构成的表格称为"五十音图"。假名根据日语发音特征共分为四类，分别是"清音""浊音""半浊音""拗音·长音·促音·拨音"。

1. 平假名-清音

段＼行	あ行	い行	さ行	た行	な行	は行	ま行	や行	ら行	わ行	撥音
あ段	あ [a]	か [ka]	さ [sa]	た [ta]	な [na]	は [ha]	ま [ma]	や [ya]	ら [ra]	わ [wa]	ん [N]
い段	い [i]	き [ki]	し [shi]	ち [chi]	に [ni]	ひ [hi]	み [mi]	い [i]	り [ri]	ゐ [i]	
う段	う [u]	く [ku]	す [su]	つ [tsu]	ぬ [nu]	ふ [hu]	む [mu]	ゆ [yu]	る [ru]	う [u]	
え段	え [e]	け [ke]	せ [se]	て [te]	ね [ne]	へ [he]	め [me]	え [e]	れ [re]	ゑ [e]	
お段	お [o]	こ [ko]	そ [so]	と [to]	の [no]	ほ [ho]	も [mo]	よ [yo]	ろ [ro]	を [o]	

2. 片假名-清音

段＼行	ア行	カ行	サ行	タ行	ナ行	ハ行	マ行	ヤ行	ラ行	ワ行	撥音
ア段	ア [a]	カ [ka]	サ [sa]	タ [ta]	ナ [na]	ハ [ha]	マ [ma]	ヤ [ya]	ラ [ra]	ワ [wa]	ン [N]
イ段	イ [i]	キ [ki]	シ [shi]	チ [chi]	ニ [ni]	ヒ [hi]	ミ [mi]	イ [i]	リ [ri]	ヰ [i]	
ウ段	ウ [u]	ク [ku]	ス [su]	ツ [tsu]	ヌ [nu]	フ [hu]	ム [mu]	ユ [yu]	ル [ru]	ウ [u]	
エ段	エ [e]	ケ [ke]	セ [se]	テ [te]	ネ [ne]	ヘ [he]	メ [me]	エ [e]	レ [re]	ヱ [e]	
オ段	オ [o]	コ [ko]	ソ [so]	ト [to]	ノ [no]	ホ [ho]	モ [mo]	ヨ [yo]	ロ [ro]	ヲ [o]	

※ 除了拨音「ん（ン）」不能单独构成音节之外，其他假名都是一个音节。

「や行」和「わ行」中的「い（イ）」「う（ウ）」「え（エ）」三个假名与「あ行」有重复。「わ行」中的「ゐ（ヰ）」和「ゑ（エ）」主要出现在日本早期文献，现在基本不使用。

3. 平假名-浊音

行＼段	あ段	い段	う段	え段	お段
が行	が [ga]	ぎ [gi]	ぐ [gu]	げ [ge]	ご [go]
ざ行	ざ [za]	じ [ji]	ず [zu]	ぜ [ze]	ぞ [zo]
だ行	だ [da]	ぢ [ji]	づ [zu]	で [de]	ど [do]
ば行	ば [ba]	び [bi]	ぶ [bu]	べ [be]	ぼ [bo]

4. 片假名-浊音

行＼段	ア段	イ段	ウ段	エ段	オ段
ガ行	ガ [ga]	ギ [gi]	グ [gu]	ゲ [ge]	ゴ [go]
ザ行	ザ [za]	ジ [ji]	ズ [zu]	ゼ [ze]	ゾ [zo]
ダ行	ダ [da]	ヂ [ji]	ヅ [zu]	デ [de]	ド [do]
バ行	バ [ba]	ビ [bi]	ブ [bu]	ベ [be]	ボ [bo]

5. 平假名-半浊音

ぱ行	あ段	い段	う段	え段	お段
	ぱ [pa]	ぴ [pi]	ぷ [pu]	ぺ [pe]	ぽ [po]

6. 片假名-半浊音

パ行	ア段	イ段	ウ段	エ段	オ段
	パ [pa]	ピ [pi]	プ [pu]	ペ [pe]	ポ [po]

7. 拗音・长音・促音・拨音

◎ 拗音

拗音是指半元音"や・ゆ・よ"与其他的假名组合之后所表示的音。

拗音要写成小字添加，书写在い段假名（除假名「い」以外）之后。

例：

きゃく（客）	きょじん（巨人）	しゃしん（写真）
しゅと（首都）	しょき（初期）	ちゃいろ（茶色）
ちょくせつ（直接）	チョコ	ちゅうがく（中学）
ひゃく（百）	ヒューマン	ひょうじょう（表情）
ぶんみゃく（文脈）	ミュージアム	みょうじ（名字）
ろうにゃくなんにょ（老若男女）		にゅうもん（入門）
りゃくしょう（略称）	りゅうがく（留学）	りょこう（旅行）
りょうり（料理）		

きゃ	キャ	しゃ	シャ	ちゃ	チャ	にゃ	ニャ	ひゃ	ヒャ
[kya]	[kya]	[sha]	[sha]	[cha]	[cha]	[nya]	[nya]	[hya]	[hya]
きゅ	キュ	しゅ	シュ	ちゅ	チュ	にゅ	ニュ	ひゅ	ヒュ
[kyu]	[kyu]	[shu]	[shu]	[chu]	[chu]	[nyu]	[nyu]	[hyu]	[hyu]
きょ	キョ	しょ	ショ	ちょ	チョ	にょ	ニョ	ひょ	ヒョ
[kyo]	[kyo]	[sho]	[sho]	[cho]	[cho]	[nyo]	[nyo]	[hyo]	[hyo]

みゃ	ミャ	りゃ	リャ
[mya]	[mya]	[rya]	[rya]
みゅ	ミュ	りゅ	リュ
[myu]	[myu]	[ryu]	[ryu]
みょ	ミョ	りょ	リョ
[myo]	[myo]	[ryo]	[ryo]

ぎゃ	ギャ	じゃ	ジャ	ぢゃ	ヂャ	びゃ	ビャ	ぴゃ	ピャ
[gya]	[gya]	[ja]	[ja]	[ja]	[ja]	[bya]	[bya]	[pya]	[pya]
ぎゅ	ギュ	じゅ	ジュ	ぢゅ	ヂュ	びゅ	ビュ	ぴゅ	ピュ
[gyu]	[gyu]	[ju]	[ju]	[ju]	[ju]	[byu]	[byu]	[pyu]	[pyu]
ぎょ	ギョ	じょ	ジョ	ぢょ	ヂョ	びょ	ビョ	ぴょ	ピョ
[gyo]	[gyo]	[jo]	[jo]	[jo]	[jo]	[byo]	[byo]	[pyo]	[pyo]

◎ 长音

　　长音是指把某个特定的元音假名的元音部分拉长一拍的音。学日语时必须严格区分长短音，否则可能无法准确理解词义。用片假名书写时，长音要用符号"ー"来表示。长音的标记方式如下：

（1）「あ」段假名后的长音要用「あ」来表示。

　　おば<u>あ</u>さん（奶奶）　　　　おか<u>あ</u>さん（母亲）

（2）「い」段假名后的长音要用「い」来表示。

　　おに<u>い</u>さん（哥哥）　　　　おじ<u>い</u>さん（爷爷）

（3）「う」段假名后的长音要用「う」来表示。

　　ゆ<u>う</u>き（勇气）　　　　　　く<u>う</u>き（空气）

（4）「え」段假名后的长音要用「え」来表示。值得注意的是，在日语汉字词语中，「え」段假名后的长音要用「い」来表示。此时的「い」只是长音的符号标记，因此不发「い」的音，只需要将其前面的假名拉长一拍即可。

　　おね<u>え</u>さん（姐姐）　　　　せん<u>せい</u>（老师）　　　　け<u>い</u>たい（手机）

（5）「お」段假名后的长音要用「う」或「お」来表示。

　　ろ<u>う</u>どく（朗读）　　　　　ぼ<u>う</u>し（帽子）

（6）片假名中的长音要用符号「ー」来表示。

　　ノ<u>ー</u>ト（笔记本）　　　　　バレ<u>ー</u>ボール（排球）　サ<u>ー</u>ビス（服务）

◎ 促音

　　促音是指将「つ」写成小字添加在假名右下方所表示的音。促音是日语中的特殊音节，大部分出现在「か、さ、た、ぱ」四行假名之前。

　　促音的发音要领：通过阻塞或摩擦发音器官气流，形成一个短促的声音顿挫或摩擦。发音时，阻塞或摩擦的位置，要随后面出现的辅音的位置而改变。要注意，促音占一拍的时长。

（1）当在「か、た、ぱ」三行假名前出现促音时，产生阻塞促音。此时促音部分听不到声音。

　　こ<u>っ</u>か（国家）　　　　ベ<u>ッ</u>ト（床）　　　　り<u>っ</u>ぱ（漂亮）

　　き<u>っ</u>ぷ（票）　　　　　が<u>っ</u>こう（学校）

（2）当在「さ」行假名前出现促音时，产生摩擦促音。此时用[s]的发音口型停顿一拍。

　　い<u>っ</u>しょに（一起）　　ま<u>っ</u>すぐ（笔直）　　け<u>っ</u>せき（缺席）

（3）在拗音后再接促音时，则构成"拗促音"。

　　ちょっと（稍微）　　　　しゅっせき（出席）　　　　しょっちゅう（总是）

　　しゅっちょう（出差）

◎ 拨音

　　日语中拨音只有一个，它写作「ん」或「ン」。拨音只能附在另一个假名的后面，构成一个音节，所以发音时一定要与前面的假名读成一个音节。拨音的发音没有汉语的前鼻音和后鼻音的区别，通常发[n]的音。

　　おんいん（音韵）　　　　しんらい（信赖）　　　　かんどう（感动）

　　びんかん（敏感）　　　　しゅんせつ（春节）　　　　チャーハン（炒饭）

8. 日语的声调

発音について

アクセント：日语中一个词或词组内都有相应的发音规律，声调就是其中最核心的部分。声调一般有高低和强弱之分。本书以东京音为标准，将使用数字标示其高低。日语声调的主要功能是区别词义，以及标识词和词的界线。

日语声调的基本规律如下：

1. 词语中第一个假名与第二个假名的高低不同；

2. 高音拍之间不能插入低音拍（换句话说，一个单词的声调中，或没有下降，或只有一处下降）。

另外，值得注意的是，有些词语有时可能会对应多个声调。

仮名

あ	い	う	え	お
あき 秋 秋天	いし 石 石头	うみ 海 大海	え 絵 图画	おもちゃ 玩具
か	き	く	け	こ
かき 牡蛎 牡蛎	きしゃ 汽車 火车	くすり 薬 药	けしき 景色 景色	こうえん 公園 公园
さ	し	す	せ	そ
さいふ 財布 钱包	しか 鹿 鹿	いす 椅子 椅子	せかい 世界 世界	そら 空 天空
た	ち	つ	て	と
たき 滝 瀑布	ちょうちょう 蝶々 蝴蝶	わしつ 和室 日式房间	て 手 手	とけい 時計 表，钟表
な	に	ぬ	ね	の
なつ 夏 夏天	にほん 日本 日本	いぬ 犬 狗	ねこ 猫 猫	のり 海苔 紫菜

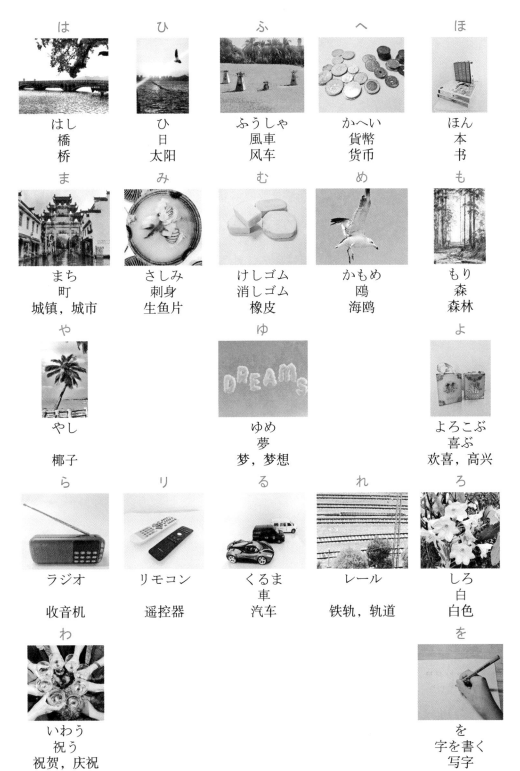

は
はし
橋
桥

ひ
ひ
日
太阳

ふ
ふうしゃ
風車
风车

へ
かへい
貨幣
货币

ほ
ほん
本
书

ま
まち
町
城镇，城市

み
さしみ
刺身
生鱼片

む
けしゴム
消しゴム
橡皮

め
かもめ
鴎
海鸥

も
もり
森
森林

や
やし

椰子

ゆ
ゆめ
夢
梦，梦想

よ
よろこぶ
喜ぶ
欢喜，高兴

ら
ラジオ
收音机

リ
リモコン
遥控器

る
くるま
車
汽车

れ
レール
铁轨，轨道

ろ
しろ
白
白色

わ
いわう
祝う
祝贺，庆祝

を
を
字を書く
写字

9

9. 日语常用书体

例：ゴシック体：**一緒に日本語を勉強しましょう。**

　　ＭＳ明朝体：一緒に日本語を勉強しましょう。

10. 音读和训读

　　日语里使用着大量的汉字。日语中的全部汉字约有几万个之多，但是常用的则只有几千个。1946年10月，日本政府公布了"当用汉字表"，列入1850个汉字。1981年10月又公布了"常用汉字表"，列入1946个汉字。多数汉字一般都有两种读法，分别称之为"音读"和"训读"。例如，日语汉字「山」一词在日语中有两个读音，分别是「やま」和「さん」。

　　其中，「さん」的读音源自模仿汉语中的"山"的读音，称为音读（音読み）。根据汉字传入的时代和来源地的不同，大致可以分为"唐音""宋音"和"吴音"等几种。而「やま」则是训读（訓読み），该读音是按照日本固有的语言来读的。此种"训读"的词汇多是表达日本固有事物的固有词汇等。

例　音读→学生、先生、学校、人間、握手……

　　训读→手、机、握る、人、月……

日常用語

生活用语

【见面和分手时的寒暄语】

⊛	おはようございます。/おはよう。	早上好!
⊛	こんにちは。	中午好!
⊛	こんばんは。	晚上好!
⊛	さようなら。	再见!
⊛	じゃね。/またね。	再见!
⊛	お休みなさい。/ おやすみ。	晚安!
⊛	お休みなさいませ。	晚安!

注意

✧ 日语中的问候通常与时间相关联，分为早、中、晚三个部分。「おはようございます」是正式且尊敬的早上问候，通常用于上午10点之前。「ございます」是敬语用法，表示尊敬和客气。当对方是自己的平辈、晚辈或非常亲近的人时，可用其简体表达「おはよう」。

✧ 「こんにちは」是白天的问候语，直到傍晚之前均适用。注意此处「は」的读音是「wa」，而不是「ha」。

✧ 「こんばんは」是晚上的问候语，注意此处「は」的读音也是「wa」。

✧ 「さようなら」是正式场合中离别时的寒暄语，常用于比较生疏的人之间，有时带有"不再相见"或"永别"之意。

✧ 「じゃね」和「またね」多用于熟人或朋友之间的道别，虽没有「さようなら」正式，但语气柔和，日常生活中使用频率较高，可译为"明天见""回头见"等。如果对方为长辈或上司时，使用「失礼します」则更贴切。

❖「おやすみなさい」是敬体表达，常用于晚上睡觉之前或晚上与人分别时的寒暄，其更为礼貌的说法是「お休みなさいませ」。「おやすみ」是它的简体表达。

📖 説明

日语的敬体与简体

日语的表达从文体上可分为"敬体""简体"两大类。前者主要用于表达郑重、恭敬的语气，后者多用于对晚辈或关系亲密的朋友。

例：おはようございます。　　　　［敬体］

　　おはよう。　　　　　　　　［简体］

【用餐时】

⊛ いただきます。	那我就不客气，开动了。
⊛ ごちそうさまでした。	吃好了；感谢招待！
⊛ おいしいです。	很好吃！
⊛ いらっしゃいませ。	欢迎光临！（服务行业用语）
⊛ どうぞ、召し上がってください。	请用餐。（敬语表达）
⊛ ごゆっくりどうぞ。	请慢用。
⊛ どうぞ、お構いなく。	您随意。
⊛ なにもありませんが、どうぞ。	粗茶淡饭，不成敬意。
⊛ お粗末さまでした。	招待不周，请见谅。

❗ 注意

❖ 日本人通常在吃饭或吃东西前会说一句「いただきます」，以表示对食材以及厨师的感谢。它是动词「いただく」的敬体形式。

❖ 在吃完饭后，日本人通常会说「ごちそうさまでした」或「ごちそうさまです」以表达"我吃好了""多谢款待"之意。如果是家庭内部成员或关系亲密的朋友之间，有时也可以用其简体表达「ごちそうさま」。

◇「おいしいです」是对食物味道的评价，表示"很好吃""味道很好"。它的反义词是「まずいです」，但在日常生活中很少使用。取而代之的口语表达为「（あまり）美味しくありません」「口に合いません」等。

【出门时】

A：行ってきます。／ 行ってまいります。／ 行ってくるよ。我走了。
B：いってらっしゃい。请慢走；您慢走；路上小心。

注意

◇「行ってきます」是出门时对留守的人说的客气话，表示"我走了""我去去就来"之意。「行ってくるよ」是简体，适用于家庭内部成员或关系亲密的朋友之间。

◇「いってらっしゃい」是送人时的客气话，含有"请慢走""路上小心"等意思。

【回到家，进门时】

A：ただいま。   我回来了。
B：おかえりなさい。／ おかえり。   你回来啦。

注意

◇ 当回到家时，进门的一方会说「ただいま」表示"我回来了"，而在家的一方会用「おかえりなさい」或「おかえり」来回应，表示"你回来啦"。

【表达道歉】

※ 申し訳ございません。   非常抱歉！
※ 申し訳ないです。   十分抱歉！

> ❋ すみません。/すまない。　　　　　　　　对不起!
>
> ❋ ごめんなさい。/ごめん。　　　　　　　对不起!

🛈 注意

◇ 「申し訳ございません」是非常正式、郑重的道歉用语，表示诚恳地承认错误并请求对方原谅。它前面可加上「まことに、本当（ほんとう）に、大変（たいへん）」等，加强道歉的语气，可译为"非常抱歉，实在抱歉"等。

◇ 「すみません」也多用于表示道歉，但它不是一个郑重的表达。因此要注意在正式的场合，事情也比较不一般时，使用「すみません」对长辈或上级表示道歉的话，程度就会显得不够。其简体表达是「すまない」，但多用于男性的口语表达。

◇ 「ごめんなさい」用于表示道歉，表示"对不起，抱歉"，但它没有「すみません」正式。它的简体表达是「ごめんね」，常用于关系较为亲密的朋友之间。除此之外，如「お手数（てすう）を掛（か）けて、すみません。」「どうも、失礼（しつれい）しました。」也可表达对对方的歉意。

【表达感谢】

> ❋ どうもありがとうございます。/ありがとう。　谢谢!
>
> ❋ どうもすみません。　　　　　　　　　谢谢!
>
> ❋ いいえ、どういたしまして。　　　　　不用谢!

◇ 「すみません」在有些场合也可以表示对对方的感谢，与「ありがとうございます」意思相同。

【称赞对方】

> ❋ すごいですね。　　　　　　　　　　太厉害啦!
>
> ❋ お上手（じょうず）ですね。　　　　　　太棒啦!
>
> ❋ 素晴（すば）らしいですね。　　　　　　太出色了!

❋ たいしたものですね。　　　　　　　　真了不起!

❋ さすがですね。　　　　　　　　　　不愧是……，果然厉害呀!

【祝贺对方】

❋ ご入学、おめでとうございます。　　恭喜入学!
（お誕生日、ご入社、ご結婚、ご出産など）

❋ 新年、おめでとうございます。　　　新年快乐!

❋ 明けましておめでとうございます。　新年快乐!

❋ ご健康をお祈りいたします。　　　　祝愿您永远健康!
（ご成功、ご健闘、ご多幸など）

❋ ご活躍なさることをお祈りいたします。　希望百尺竿头，更进一步!

【安慰对方】

❋ 気にしないでください。　　　　　　请不要介意此事。

❋ ご心配、要りません。　　　　　　　您不必担心。

❋ ご心配、なさらないでください。　　请不要担心。

❋ ご安心ください。　　　　　　　　　请放心。

❋ 大丈夫ですよ。　　　　　　　　　　没什么大不了的。

❋ 誰でもあることですよ。　　　　　　常有的事，别介意。

【提醒或注意】

❋ お大事に。　　　　　　　　　　　　请多注意身体。

❋ お気を付けください。　　　　　　　请小心。

❋ お体にお気をつけください。　　　　请多注意身体。

❋ お忘れ物のないように。　　　　　　请带好物品，不要忘记了。

【拜访时】

⊛ ごめんください。	请问，有人在家吗？
⊛ お邪魔いたします。	打扰了。（进门时）
⊛ 失礼いたします。	打扰了。（进门时）
⊛ よくいらっしゃいました。	欢迎光临。
⊛ ようこそ、いらっしゃいました。	欢迎光临。
⊛ お待ちしておりました。	恭候您多时了。
⊛ どうぞ、お上がりください。	快，请进。
⊛ どうぞ、お入りください。	快，请进。
⊛ 長くお邪魔しました、そろそろ失礼いたします。	
	时候不早了，我就此告辞。
⊛ またおいでください。	欢迎您再来。
⊛ またお越しください。	欢迎您再来。

【表示惊讶】

⊛ えっ、本当ですか。	啊？真的吗？
⊛ ああ、びっくりした。	啊，吓我一跳！
⊛ マジですか。	真的吗？（仅限非正式场合）
⊛ うそ！	真的吗？骗人的吧！（仅限非正式场合）

【表示喜悦】

⊛ 嬉しい！/嬉しいわ！	太高兴了！（后者仅限女性使用）
⊛ やった！	太好了！
⊛ よかった！	太好了！
⊛ 最高です！	太棒啦！
⊛ こんなに嬉しいことはない。	太高兴了！

课堂用语

【上课时】

✳	班長：起立！礼！	起立！敬礼！
✳	学生：先生、おはようございます。	老师好！
✳	先生：みなさん、おはようございます。	同学们好！
✳	班長：着席！	坐下！

【下课时】

✳	先生：今日はここまでにします。	今天就讲到这里。
✳	班長：起立！礼！	起立！敬礼！
✳	学生：先生、ありがとうございました。	谢谢老师！

【课堂用语】

✳	王さん、分かりましたか。	小王，你明白了吗?
✳	はい、分かりました。	是的，（我）明白了。
✳	いいえ、分かりません。	不，（我）没明白。
✳	お願いします。	拜托了！
✳	はじめましょう。	开始吧。
✳	おわりましょう。	结束吧。
✳	もう一度。	再一次。

Part 2
会話篇

第一課　初対面での挨拶

学習目的：

名前、国、職業などが言える。初めて会った人に丁寧に自己紹介ができる。

学会用日语表达人名、国家、职业等。能够用日语做简单的自我介绍。

学習項目：

(1) ～は＋名詞＋です　　　　　　　　　　＜一般肯定句＞

(2) ～は＋名詞＋ですか　　　　　　　　　＜一般疑问句＞

(3) ～は＋名詞＋では（じゃ）ありません　＜一般否定句＞

(4) 名詞＋の＋名詞　　　　　　　　　　　＜所属关系＞

(5) 人称指示代名詞

会話-1

楊 　：はじめまして、わたしは楊陽です。

遠藤：はじめまして、遠藤恵美です。

楊 　：どうぞよろしくお願いします。

遠藤：こちらこそ、どうぞよろしくお願いします。

📖 **説明**

✧ 一般肯定句的基本结构是「～は＋名詞＋です」。此处的「は」称为助词，读音是「wa」而不是「ha」。日语里的助词不能单独表达任何意义，因此不能单独使用，只能附加在其他词的后面，连接两种词语。从功能上讲，助词表示该词在句中的地位，或者表示该词与其他词的关系，或者给该词添加某种意义。因此，对于初学者而言，掌握好助词用法对正确理解语句尤为重要。

✧ 「です」是敬体表达，表示判断，相当于汉语的"是"，口语和书面语都比较常用。

✧ 「はじめまして」表示初次见面。可写为「初めまして」。

✧ 「お願いします」是日语中的常用句，表示"拜托您，麻烦您"，上述对话中与「よろしく」搭配在一起表示"请多关照"。有时可省略为「どうぞよろしく」。

✧ 「どうぞ」相当于汉语的"请"。如「お先に、どうぞ/请先走吧」「どうぞおかけください/请坐」。

✧ 「こちらこそ」表示"彼此彼此，哪里哪里"之意。

📖 **注意**

✧ 日语中以「です」结句时，通常使用句号。句子中间的停顿，则使用顿号标示。

◇ 人称代词

项目	第一人称	第二人称	第三人称	不定称
单数	わたくし、私、僕、俺※、あたし※	あなた、君、お前、あんた	彼、彼女	どなた、誰
复数	私たち、僕たち、俺たち	あなたたち、君たち、お前たち	彼ら、彼たち、彼女たち	どなたたち、誰たち

（1）常用的人称代词如上所示，但要注意这些词语的使用语境，如「あなた、君、お前」不能对长辈使用；「わたくし」是比「わたし」更谦虚的表达等。

（2）※「俺」多用于男性的口语表达；「あたし」则多用于女性的口语表达。

単語：はじめまして　　　　　　　　初次见面；

わたし（私）　　　　　　　　我；

ようよう（楊陽）　　　　　　杨阳；

えんどうえみ（遠藤恵美）　　远藤惠美；

どうぞ　　　　　　　　　　　请，表示请求；

よろしく　　　　　　　　　　你好，请关照

おねがいします（お願いします）　麻烦您了，拜托您了

こちらこそ　　　　　　　　　哪里哪里，彼此彼此；

◎ 基礎トレーニング

请根据下面的对话，在画线处写出日语译文，并反复朗读。

楊　：初次见面，我叫杨阳。

_____

遠藤：初次见面，我叫远藤惠美。

_____

楊　：请多关照。

_____

遠藤：哪里哪里，请您多关照。

_____

会話-2

田中：すみません。王さんですか。

王　：はい、そうです。王明です。

田中：わたしは北京第二外国語学院の田中です。

　　　どうぞよろしくお願いします。

王　：こちらこそ、どうぞよろしくお願いします。

説明

✧ 一般疑问句「～は＋名詞＋ですか」由陈述句加表示疑问的终助词「か」构成，「か」之后一般以句号结句，读升调。

✧ 当回答一般疑问句时，如果是肯定的回答，以「はい」起句；如果是否定的回答，以「いいえ」起句。对疑问判断句做应答时，其简单的肯定回答可以是「はい、そうです」。否定回答可以是「いいえ、ちがいます」。

例：田中さんは学生ですか。　　　　　　　田中是学生吗？

　　-はい、学生です。/はい、そうです。　是的，他/我是学生。

　　-いいえ、ちがいます。学生では（じゃ）ありません。　不，我不是学生。

注意

✧ 日常生活中，「すみません」是个使用频率很高的词语。它不仅可以表示道歉，还可以用在向别人做请托。此时，「すみません」相当于汉语的"劳驾""请问""借光"等。

✧ 接尾词「～さん」接续在姓名之后表示尊敬和亲切，常译为"～先生、～女士、小～、老～"等。从结构上看，「姓+さん」「姓名的全称+さん」较为常见，且对男女老少均适用。与此类似的接尾词还有「～様」「～君」「～ちゃん」等。「～様」适用于对长辈或上司的称呼；「～君」多用于对男性的称呼；「～ちゃん」多用于对儿童和年轻女性的称呼。值得注意的是，这些词只用于他人的姓名之后，而不用于说话者称呼自己姓名。

✧ 「そうです」表示对前者所说内容的肯定，可译为"是的""是这样（那样）

的”。

✧「名詞＋の＋名詞」中助词「の」可连接两个名词，表示所属关系，相当于汉语中“～的”的用法。

例：李先生の学生　　　　　　　　（李老师的学生）
　　北京第二外国語学院の田中さん　（北京第二外国语学院的田中）

単語：すみません　　　　　　　　　请问，对不起，劳驾；

　　　～さん　　　　　　　　　　　……先生，……女士，小……，老……；

　　　そうです　　　　　　　　　　是的；

　　　おうめい（王明）　　　　　　王明；

　　　ペキンだいにがいこくごがくいん　北京第二外国語学院；

　　　（北京第二外国語学院）

　　　たなか（田中）　　　　　　　田中；

◎ 基礎トレーニング

　　请根据下面的对话，在画线处写出日语译文，并反复朗读。

　　田中：请问，您是小王吗？

　　_____

　　王　：是的，我是王明。

　　_____

　　田中：我是北京第二外国语学院的田中。请多关照。

　　_____

　　王　：哪里哪里，请您多关照。

　　_____

会話-3

【他の人を聞く】

パク：山口さんのお兄さんは大学生ですか。

山口：はい、そうです。

パク：今、何年生ですか。

山口：三年生です。

パク：お姉さんも大学生ですか。

山口：いいえ、大学生ではありません。公務員です。

説明

✧ 一般否定句由「名詞＋ではありません」构成，表示其"不是……"之意。此句中「では」的发音是「dewa」，而不是「deha」。在日语口语中，也可使用「名詞＋じゃありません」表示否定。

✧ 日语中经常出现省略表达，其中比较常见的是对人称主语的省略。如「いいえ、大学生ではありません」中，就省略了上一句提到的主语，即「お姉さんは」。该句的完整表达应是「いいえ、姉は大学生ではありません」，口语中也可说成「大学生じゃありません」。

例：李さんは先生ですか。   小李是老师吗?

    いいえ、先生では（じゃ）ありません。   不，他不是老师。

注意

✧ 提示助词「も」表示除了已提及的事物以外，还包含有其他。可译为"也"。

単語：やまぐち（山口）	山口;
おにいさん（お兄さん）	哥哥;
だいがくせい（大学生）	大学生;

はい	是，是的；
いま（今）	现在，目前，如今；
なんねんせい（何年生）	几年级；
さんねんせい（三年生）	三年级；
おねえさん（お姉さん）	姐姐；
も	也，也是；
いいえ	不，不是；
こうむいん（公務員）	公务员；

◎ 基礎トレーニング

请根据下面的对话，在画线处写出日语译文，并反复朗读。

朴　：请问，你的哥哥是大学生吗？

_____

山口：是的。

_____

朴　：他现在上几年级？

_____

山口：三年级。

_____

朴　：你的姐姐也是大学生吗？

_____

山口：不，她不是大学生，是公务员。

_____

会話-4

【他の人を紹介する】

パク：クラスメートの田中さんです。
　　　こちらは日本語学部の恵美さんです。
田中：田中博です。はじめまして。
遠藤：遠藤恵美です。はじめまして。

📖 説明

✧「こちら」既可指代方向或场所，也可作为事物或人称代词使用。此处作为人
　称代词使用，表示"这位"之意。口语中，有时也可省略为「こっち」。与「こ
　ちら」相关的指示代词如下：

近称	中称	远称	不定称
こちら（こっち）	そちら（そっち）	あちら（あっち）	どちら（どっち）
这位，这边	那位，那边	那位，那边	哪位，哪边

　　例：こちらは母です。　　　　　　　　这是我母亲。
　　　　そちらは友達の遠藤さんです。　　那位是我的朋友，远藤先生。

✧格助词「の」可以接在名词之后，表示所属。（参考第一课"会話-2"）

✧根据具体情形也可先说自己的姓名，然后再说「はじめまして」。

単語：クラスメート　　　　　　　同班同学；

　　　こちら　　　　　　　　　　这位；

　　　にほんご（日本語）　　　　日语；

　　　がくぶ（学部）　　　　　　系；

◎　基礎トレーニング

请根据下面的对话，在画线处写出日语译文，并反复朗读。

朴　：这是我的同班同学田中。这位是日语系的惠美。

_____

田中：初次见面，我叫田中博。

_____

远藤：您好！我叫远藤惠美。

_____

会話-5

【自習室で】

吉田　　：アンナさんは留学生ですか。

アンナ：はい、そうです。

吉田　　：今、何年生ですか。

アンナ：ホテル管理学院の一年生です。

吉田　　：ふるさとは？

アンナ：大阪です。

📖　説明

◇　数词与「～年生」相结合，表示"某年级的学生"。如"一年生、二年生、三年生……"。

◇　「ふるさとは？」表示疑问，读升调，可认为是「ふるさとはどこですか。（你的老家是哪里？）」的省略形式。

単語：よしだ（吉田）　　　　　吉田；

　　　りゅうがくせい（留学生）　留学生；

　　　アンナ　　　　　　　　　　安娜；

　　　ホテル　　　　　　　　　　酒店，宾馆；

　　　かんり（管理）　　　　　　管理；

　　　いちねんせい（一年生）　　一年级；

　　　ふるさと　　　　　　　　　故乡，老家；

　　　おおさか（大阪）　　　　　大阪；

◎ 基礎トレーニング

请根据下面的对话，在画线处写出日语译文，并反复朗读。

吉田：安娜，你是留学生吗？

_____

安娜：是的。

_____

吉田：现在，你上几年级？

_____

安娜：我在酒店管理学院上一年级。

_____

吉田：你的老家是哪里？

_____

安娜：是大阪。

_____

【会社のロビーで】

吉田：あの人はどなたですか。

李　：孫義さんです。

吉田：孫さんは中国人ですか。

李　：いいえ、中国人じゃありません。韓国人です。

吉田：そうですか。じゃ、孫さんもＪＳＴの社員ですか。

李　：はい、そうです。わたしの同僚です。

説明

❖ 「あの」是连体词，它没有词形变化，也不能单独使用，只能作为定语与体言（名词·数词等）搭配使用。连体词也分为近称、中称、远称和不定称。具体如下所示：

近称	中称	远称	不定称
この	その	あの	どの
这，这个	那，那个	那，那个	哪，哪个

例：あの人は留学生ですか。　　　那个人是留学生吗？

　　この新聞はわたしのです。　　这份报纸是我的。

关于连体词中的近称、中称、远称的用法：

（1）当说话者与听话者相隔一段距离，面对面时：

　　「この」：适用于距说话者较近、而距听话者较远的事物。

　　「その」：适用于距听话者较近、而距说话者较远的事物。

　　「あの」：适用于距说话者和听话者都比较远的事物。

（2）当说话者与听话者位于同一位置，面向同一方向时，二者都可使用同样的
　　"连体词+N（名词）"的说法。

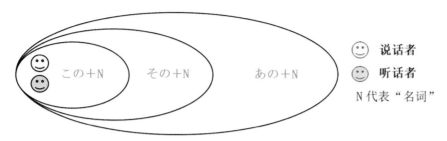

说话者
听话者
N代表"名词"

◇ 「どなた」是「誰」的敬称。

◇ 「～じゃありません」是「～ではありません」的口语表达。

◇ 「じゃ」作为接续词，以已经叙述的事件为根据或理由时，可位于句子开头，
引导接下来的叙述，是「では」的口语表达。可表示提议。

◇ 提示助词「も」相当于汉语的"也"。

◇ 日语中英文字母的发音较为特殊，此处「JST」的发音为「ジェーエスティー」。

単語：あの　　　　　　　　　　　　那，那个；

　　　　ひと（人）　　　　　　　　人，人类；

　　　　どなた　　　　　　　　　　哪位（表示尊敬）；

　　　　そんぎ（孫義）　　　　　　孙义；

　　　　ちゅうごくじん（中国人）　中国人；

　　　　かんこくじん（韓国人）　　韩国人；

　　　　ジェーエスティー（JST）　JST 公司；

　　　　しゃいん（社員）　　　　　职工，职员；

　　　　どうりょう（同僚）　　　　同事；

◎ 基礎トレーニング

请根据下面的对话，在画线处写出日语译文，并反复朗读。

吉田：请问，那位是谁?

_____

李　：他叫孙义。

_____

吉田：他是中国人吗?

李　：不，他不是中国人，是韩国人。

吉田：是嘛。那么，他也是JST的公司职员吗?

李　：是的。他是我的同事。

会話-7

【パーティーで】

王　　　：わたしは王明です。お名前は？

エリス：エリスです。

王　　　：はじめまして、どうぞよろしくお願いします。

エリス：こちらこそ、どうぞよろしくお願いします。

王　　　：あのう、エリスさんは会社員ですか。

エリス：いいえ、会社員ではありません。学生です。

王　　　：お国はどちらですか。

エリス：イギリスです。

王　　　：日本ははじめてですか。

エリス：はい、そうです。

📖 説明

✧ 「お名前」指对方的名字，其中「お」是接头辞表示尊敬。同样，「お国」也是结合了接头辞「お」构成的敬称，指对方国家或国籍。

✧ 「こちらこそ」作为「どうぞよろしくお願いします」的回应，表示"哪里哪里""请您多关照"之意。

✧ 感叹词「あのう」常用于吸引对方注意或招呼人等情况，可译为"嗯……，啊……"等。

✧ 此处的「どちら」表示未知的地点，可替换为「どこ」。

単語：お〜　　　　　　　　　　　　　表示尊敬；

　　　なまえ（名前）　　　　　　　　名，名字；

　　　かいしゃいん（会社員）　　　　公司职员；

　　　がくせい（学生）　　　　　　　学生；

　　　くに（国）　　　　　　　　　　国，国家；

　　　どちら　　　　　　　　　　　　哪个方向，哪里，哪边；

　　　イギリス　　　　　　　　　　　英国；

　　　にほん（日本）　　　　　　　　日本；

　　　初めて　　　　　　　　　　　　最初，初次，首次；

◎ 基礎トレーニング

请根据下面的对话，在画线处写出日语译文，并反复朗读。

王　　　：我叫王明。请问，您是？

_____

爱丽丝：我叫爱丽丝。

_____

王　　　：初次见面，请多关照。

_____

爱丽丝：哪里哪里，请您多关照。

_____

王　　　：爱丽丝，您是公司职员吗？

_____

爱丽丝：不，我不是职员，是学生。

_____

王　　　：您是哪国人？

_____

爱丽丝：我是英国人。

_____

王 ：您是第一次来日本吗?

_____

爱丽丝：是的。

_____

◎ 応用トレーニング-1

请在括号里填入合适的内容。

1. A：（　　　　　　　）、田中（　　　　　　　　　　）。

　　初次见面，我叫田中。

　　（　　　　　　　）お願いします。

　　请多关照。

　B：（　　　　　　　）、エリス（　　　　　　　　）。

　　初次见面，我叫爱丽丝。

　　（　　　　　　　）お願いします。

　　请多关照。

2. A：（　　　　　　　）、孫さん（　　　　　　　　）。

　　请问，您是孙先生吗?

　B：（　　　　　　　）、孫義です。

　　是的，我叫孙义。

3. A：（　　　　　　　）、李さん（　　　　　　　）中国人ですか。

　　　请问，小李是中国人吗?

　B：（　　　　　　　）、李さんは中国人（　　　　　　　）。

　　不，他是中国人。

　　（　　　　　　　）です。

　　他是韩国人。

4. A：恵美さんは（　　　　　　　）ですか、（　　　　　　　）ですか。

　　惠美是中国人，还是日本人?

　B：（　　　　　　　）です。

　　是日本人。

◎ 応用トレーニング-2

请根据以下信息，完成下面的会话。

中国	日本	アメリカ
李さん	田中さん	マイクさん
韓国	フランス	ドイツ
キムさん	クロエさん	アグネスさん

会話：

A：あのう、＿＿＿＿＿さんは日本人ですか。

B：はい、そうです。

A：李さんも、日本人ですか。

B：いいえ、＿＿＿＿＿さんは＿＿＿＿＿人ではありません。＿＿＿＿＿人です。

A：フランスの留学生は誰ですか。

B：＿＿＿＿＿さんです。

A：マイクさんはアメリカ人ですか、ドイツ人ですか。

B：マイクさんは＿＿＿＿＿人です。

A：じゃ、アグネスさんが＿＿＿＿＿人ですね。

B：はい、そうです。

⚠ 注意

◆ 「～ですか、～ですか。」是选择疑问句，回答该提问时要用「～です」，且不需回答「はい」或「いいえ」。

◎ 応用トレーニング-3

1. 请做一下自我介绍，并在卡片上标示相关信息。

2. 请根据卡片上的信息，介绍一下你的朋友。

例	名前	国籍	職業
1	パク	韓国	留学生
2	田中	日本	先生
3	エリス	イギリス	会社員

◎ 応用トレーニング-4

1. 次の単語を文に直しなさい。

(1) 李さん／日本語学部／何年生／の／は／ですか

→ ＿＿＿＿＿＿＿＿＿＿＿＿＿＿＿＿＿＿＿＿

(2) 山口さん／人／お兄さん／あの／の／は／ではありません

→ ＿＿＿＿＿＿＿＿＿＿＿＿＿＿＿＿＿＿＿＿

(3) 山口さん／お姉さん／公務員／の／は／です

→ ＿＿＿＿＿＿＿＿＿＿＿＿＿＿＿＿＿＿＿＿

(4) こちら／田中さん／クラスメート／の／は／です

→ ＿＿＿＿＿＿＿＿＿＿＿＿＿＿＿＿＿＿＿＿

2. 正しい答えを選びなさい。

(1) どうぞよろしくお願いします。

    (A. はじめまして。   B. こちらこそ。   )

(2) 王さんですか。

    (A. はい、そうです。   B. いいえ、そうです。)

(3) お姉さんも大学生ですか。

    (A. いいえ、大学生ではありません。 B. はい、公務員です。)

(4) ふるさとは？

    (A. 大阪です。   B. 日本語学部です。)

3. 中国語に訳しなさい。

(1) わたしは日本語学部の学生です。

→ _____

(2) はじめまして、北京第二外国語学院のエリスです。今、三年生です。

→ _____

(3) 楊さんのふるさとは北京です。

→ _____

(4) 王さんは韓国人ではありません。中国人です。

→ _____

4. 以下の会話文を完成しなさい。

【登場人物：会社員のアリスさんと学生の王明さん】

アリス：こんにちは。

王　明：こんにちは。

アリス：はじめまして、アリスです。どうぞよろしくお願いします。

王　明：（　　　　　　　　）、王明です。（　　　　　　　　）、どうぞよろし

　　　　くお願いします。

アリス：王さんは大学生ですか。

王　明：はい、（　　　　　　　　）。

アリス：今、何年生ですか。

王　明：日本語学部の（　　　　　　　　）です。

アリス：（　　　　　　　　）はどちらですか。

王　明：黒竜江省の哈爾濱です。アリスさんは留学生ですか。

アリス：いいえ、留学生（　　　　　　　　　　）。会社員です。

王　明：お国はどちらですか。

アリス：アメリカです。

<ruby>新出単語<rt>しんしゅつたんご</rt></ruby>

はじめまして		短语	初次见面
私⓪	［わたし］	代词	我
楊陽	［ようよう］	人名	杨阳
遠藤恵美	［えんどうえみ］	人名	远藤惠美
どうぞ①		副词	请，表示请求
よろしく⓪②		副词	你好，请关照
お願いします	［おねがいします］	短语	麻烦您了，拜托您了
こちらこそ		短语	哪里哪里，彼此彼此
すみません		短语	请问，对不起，劳驾
～さん		接尾辞	……先生，……女士，小……，老……
そうです		短语	是的
王明	［おうめい］	人名	王明
北京第二外国語学院	［ペキンだいにがいこくごがくいん］	名词	北京第二外国语学院
田中	［たなか］	人名	田中
山口	［やまぐち］	人名	山口
お兄さん②	［おにいさん］	名词	哥哥
大学生③④	［だいがくせい］	名词	大学生
はい①		感叹词	是，是的
今①	［いま］	名词	现在，目前，如今
何年生③	［なんねんせい］	名词	几年级
三年生③	［さんねんせい］	数量词	三年级
お姉さん②	［おねえさん］	名词	姐姐
も		助词	也，也是
いいえ③		感叹词	不，不是
公務員③	［こうむいん］	名词	公务员
クラスメート④		名词	同班同学
こちら⓪		代词	这位
日本語⓪	［にほんご］	名词	日语
学部⓪①	［がくぶ］	名词	系
吉田	［よしだ］	人名	吉田
留学生③④	［りゅうがくせい］	名词	留学生
アンナ		人名	安娜

ホテル①		名詞	酒店，宾馆
管理①	［かんり］	名詞	管理
一年生③	［いちねんせい］	数量詞	一年级
ふるさと②		名詞	故乡，老家
大阪	［おおさか］	名詞	大阪
あの⓪		連体詞	那，那个
人⓪	［ひと］	名詞	人，人类
どなた①		代詞	哪位(表示尊敬)
孫義	［そんぎ］	人名	孙义
中国人⓪	［ちゅうごくじん］	名詞	中国人
韓国人⓪	［かんこくじん］	名詞	韩国人
ＪＳＴ	［ジェーエスティー］	名詞	JST公司
社員①	［しゃいん］	名詞	职工，职员
同僚⓪	［どうりょう］	名詞	同事
お〜		接頭辞	表示尊敬
名前⓪	［なまえ］	名詞	名，名字
会社員③	［かいしゃいん］	名詞	公司职员
学生⓪	［がくせい］	名詞	学生
国⓪	［くに］	名詞	国，国家
どちら①		代詞	哪个方向，哪里，哪边
イギリス⓪		名詞	英国
日本②	［にほん］	名詞	日本
初めて②	［はじめて］	副詞	最初，初次，首次

日语口语教程

コラム

日本語の漢字の書き方

　日本語の漢字は5世紀から6世紀にかけて中国から伝わりました。その後、日本語の「音」を表すために、ひらがなとカタカナが使われました。漢字は5万字以上ありますが、現代の日本語で実際に使われているのは約1万5千字と言われています。

　中国大陸で使用されている漢字は、「簡体字」と言い、日本で使用されている漢字と異なります。一般に、日本で使用されている漢字は、中国語の漢字の意味をそのまま保留されています。例えば、日本語の「犬」は中国語では文語体で口語では「狗」を使います。また、日本語の「赤」も中国では文語体で口語では「紅」が使用されています。

　学習者が最も気をつけなければならない点は、一見よく似ている漢字であっても、違う漢字が含まれることです。例えば、「语」→「語」、「铁」→「鉄」、「经」→「経」、「员」→「員」、「写」→「写」、「赞」→「賛」、「强」→「強」、「直」→「直」、「器」→「器」などです。中国語の漢字と日本語の漢字の違いに注意しましょう。また日本語の漢字の音読み、訓読みを調べてみましょう。

応用トレーニング−1
せいかい
正 解：

1. はじめまして、です、よろしく、はじめまして、です、よろしく。

2. すみません、ですか、はい。

3. すみません、は、いいえ、では（じゃ）ありません、韓国人。

4. 中国人、日本人、日本人。

応用トレーニング−2
せいかい
正 解：

田中、李、日本、中国、クロエ、アメリカ、ドイツ。

応用トレーニング−4
せいかい
正 解：

1. （1）日本語学部の李さんは何年生ですか。

　　（2）あの人は山口さんのお兄さんではありません。

　　（3）山口さんのお姉さんは公務員です。

　　（4）こちらはクラスメートの田中さんです。／こちらは田中さんのクラスメートです。

2. （1）B　　（2）A　　（3）A　　（4）A

3. （1）我是日语系的学生。

　　（2）初次见面，我是北京第二外国语学院的爱丽丝，现在上三年级。

　　（3）小杨的老家是北京。

　　（4）小王不是韩国人，而是中国人。

4. はじめまして/こちらこそ/そうです/三年生/ふるさと/ではありません

第二課　今日は何曜日ですか

学習目的：

曜日、日にちが言える。指示代名詞を活用し、簡単な質問と応答ができる。

学会用日语表达星期、日期等。能够用指示代词做简单的提问和回答。

学習項目：

(1) 名詞＋は＋名詞＋でした　　　　　　　＜一般过去时＞

(2) 名詞＋は＋名詞＋でしたか　　　　　　＜一般过去时的疑问＞

(3) 人称代名詞＋の＋です　　　　　　　　＜表示所有物＞

(4) これ/それ/あれ/どれ　　　　　　　　＜指示代词＞

(5) 曜日・週・月・年　　　　　　　　　　＜数词-1＞

会話-1

（場景：小杨看到桌上的一件礼品后，向远藤询问。）

楊　　：これは何ですか。

遠藤：それは吉田さんのプレゼントです。

楊　　：今日が吉田さんのお誕生日ですか。

遠藤：いいえ、今日じゃありません。明日です。

楊　　：ああ、そうですか。

📖 説明

✧ 事物指示代词「これ・それ・あれ・どれ」，分别对应近称、中称、远称、不定称。通常「これ」指离说话者较近的事物；「それ」指离听话者较近的事物；「あれ」指离说话者和听话者都较远的事物。一般来说，当用「これ」提问时要用「それ」回答，而用「それ」提问时要用「これ」回答。当用「あれ」提问时，要用「あれ」回答。

✧ 「～じゃありません」由「～ではありません」转化而来，用于口语表达，但后者更为正式。

近称	中称	远称	不定称
これ	それ	あれ	どれ
这个	那个	那个	哪个

例：これは母の手紙です。　　　　　这是我母亲的信件。

　　王さんのパソコンはどれですか。　哪个是小王的电脑?

✧ 表示时间的说法如下:

おととい	きのう	きょう	あした / あす	あさって
一昨日	昨日	今日	明日	明後日
前天	昨天	今天	明天	后天

単語（たんご）：これ   这，这个

　　　　なん（何）   什么；

　　　　それ   那，那个

　　　　プレゼント   礼物，礼品；

　　　　きょう（今日）   今天；

　　　　たんじょうび（誕生日）   生日；

　　　　あした（明日）   明天；

◎ 基礎（きそ）トレーニング

请根据下面的对话，在画线处写出日语译文，并反复朗读。

楊（よう）　：这是什么?

_____

遠藤（えんどう）：那个是给吉田的礼物。

_____

楊（よう）　：今天是吉田的生日吗?

_____

遠藤（えんどう）：不，不是今天。是明天。

_____

楊（よう）　：是这样啊。

_____

（场景：吉田看到小李桌上的物品后，向其询问。）

吉田：すみません、それは何ですか。

李　：これは日本語の本です。

吉田：李さんのですか。

李　：いいえ、わたしのじゃありません。遠藤さんのです。

吉田：じゃあ、あれも遠藤さんのですか。

李　：いいえ、あれは田中さんのです。

説明

◇「の」可代替上下文提到的事物，可译成"……的"。

　　例：これはわたしのです。　　　　　　这是我的。

　　　　それは王さんのですか。　　　　　那个是小王的吗?

◇「わたしのじゃありません」亦可替换为「わたしのではありません」，二者所表达的意思相同。

◇感叹词「じゃあ」可译为"那么"。

　　例：じゃあ、さようなら。　　　　　　那么，再见。

　　　　じゃあ、はじめましょう。　　　　那么，开始吧。

単語：ほん（本）	书;
じゃあ	那么;
あれ	那，那个;

◎ 基礎トレーニング

请根据下面的对话，在画线处写出日语译文，并反复朗读。

吉田：请问，那是什么?

李　　：这是日语书。

_____

吉田：是你的吗？

_____

李　　：不，不是我的。是远藤的。

_____

吉田：那么，那本也是远藤的吗？

_____

李　　：不，那本是田中的。

_____

会話-3

（场景：吉田看到小李身边放着两部手机，向其询问。）

吉田：このスマホは誰のですか。

李　　：王さんのです。

吉田：あのスマホも王さんのですか。

李　　：いいえ、王さんのではありません。田中さんのです。

吉田：じゃあ、どれが恵美さんのですか。

李　　：恵美さんのはあれです。

単語：この	这，这个（近称）；
スマホ	智能手机；
だれ（誰）	谁；
あの	那，那（远称）；
どれ	哪个，哪一个；

◎ 基礎トレーニング

请根据下面的对话，在画线处写出日语译文，并反复朗读。

吉田：这部智能手机是谁的?

_____

李　：是小王的。

_____

吉田：那部智能手机也是小王的吗?

_____

李　：不，不是他的。是田中的。

_____

吉田：那么，哪部手机是惠美的呢?

_____

李　：惠美的是那个。

_____

かい わ
会話-4

吉田：今日は何曜日ですか。

李　：今日は木曜日です。

吉田：明日は何曜日ですか。

李　：明日は金曜日です。

吉田：昨日は何曜日でしたか。

李　：昨日は水曜日でした。

吉田：一昨日は何曜日でしたか。

李　：一昨日は火曜日でした。

📖 説明

◇ 一般肯定句的过去时态的基本结构是「～は＋名詞＋でした」。表达疑问时，可变为「～は＋名詞＋でしたか」。

　　例：A：昨日は、休みでしたか。　　　　　　昨天是休息日吗？

　　　　B：いいえ、休みではありませんでした。　不，昨天不是休息日。

◇ 表示时间的说法如下：

〖曜日〗

げつようび	かようび	すいようび	もくようび	きんようび	どようび	にちようび
月曜日	火曜日	水曜日	木曜日	金曜日	土曜日	日曜日
星期一	星期二	星期三	星期四	星期五	星期六	星期日

〖週〗

せんせんしゅう	せんしゅう	こんしゅう	らいしゅう	さらいしゅう
先々週	先週	今週	来週	再来週
上上周	上周	这周	下周	下下周

【月】

せんせんげつ	せんげつ	こんげつ	らいげつ	さらいげつ
先々月	先月	今月	月	再来月
上上月	上月	这月	下月	下下月

【年】

おととし	きょねん	ことし	らいねん	さらいねん
一昨年	去年	今年	来年	再来年
前年	去年	今年	明年	后年

単語：なんようび（何曜日）　　　　星期几，周几；

　　　もくようび（木曜日）　　　　星期四，周四；

　　　きんようび（金曜日）　　　　星期五，周五；

　　　きのう（昨日）　　　　　　　昨天；

　　　すいようび（水曜日）　　　　星期三，周三；

　　　おととい（一昨日）　　　　　前天；

　　　かようび（火曜日）　　　　　星期二，周二；

　　　げつようび（月曜日）　　　　星期一，周一；

◎ 基礎トレーニング

请根据下面的对话，在画线处写出日语译文，并反复朗读。

吉田：今天是星期几?

_____

李　：今天是星期四。

_____

吉田：明天是星期几?

_____

李　：明天是星期五。

_____

吉田：昨天是星期几？

_____

李　：昨天是星期三。

_____

吉田：前天是星期几？

_____

李　：前天是星期二。

_____

会話-5

（场景：小李在教室向小杨询问考试日期。）

李　：今日は何月何日ですか。

楊　：１１月２６日です。

李　：じゃあ、英語の試験は来週ですね。

楊　：はい、そうです。来週の月曜日です。

李　：ええと、日本語の試験はいつですか。

楊　：今週の金曜日です。

李　：そうですか。ありがとうございます。

単語		
なんがつ（何月）		几月；
なんにち（何日）		几日；
えいご（英語）		英语；
しけん（試験）		考试；
らいしゅう（来週）		下星期，下周
ええと		嗯，啊；
にほんご（日本語）		日语；
いつ		什么时候；
こんしゅう（今週）		本星期，这个星期；

◎ 基礎トレーニング

请根据下面的对话，在画线处写出日语译文，并反复朗读。

李　：今天是几月几日？

_____

楊　：11月26日。

_____

李　：那么，英语考试是在下周，对吧？

_____

楊　：是的。是下周一。

_____

李　：那么，日语考试是什么时候呢？

_____

楊　：是这周五。

_____

李　：好的，谢谢！

_____

かい わ
会話-6

（场景：吉田向小李询问有关过生日的话题。）

吉田：李さん、お誕生日はいつですか。

李　：10月1日です。

吉田：じゃ、国慶節の日ですか。

李　：はい、そうです。

吉田：お誕生日はいつもどこで過ごしますか。

李　：実家です。

吉田：ええと、李さんの実家はどこですか。

李　：杭州です。

📖 **説明**

◇ 一般肯定句的过去时态的基本结构是「〜は＋名詞＋でした」。

◇ 指示代词「どこ」表示询问地点等，常译为"哪里"。该会话中，与表示地点的助词「で」以及动词敬体句式共同构成疑问句，可译为"在哪里度过？"。

📖 **注意**

日期的说法

ついたち	ふつか	みっか	よっか	いつか
一日	二日	三日	四日	五日
むいか	なのか	ようか	ここのか	とおか
六日	七日	八日	九日	十日
じゅういちにち	じゅうににち	じゅうさんにち	じゅうよっか	じゅうごにち

（续表）

十一日	十二日	十三日	十四日	十五日
じゅうろくにち	じゅうしちにち	じゅうはちにち	じゅうくにち	はつか
十六日	十七日	十八日	十九日	二十日
にじゅういちにち	にじゅうににち	にじゅうさんにち	にじゅうよっか	にじゅうごにち
二十一日	二十二日	二十三日	二十四日	二十五日
にじゅうろくにち	にじゅうしちにち	にじゅうはちにち	にじゅうくにち	さんじゅうにち
二十六日	二十七日	二十八日	二十九日	三十日
さんじゅういちにち				
三十一日				

いちがつ	にがつ	さんがつ	しがつ	ごがつ
一月	二月	三月	四月	五月
ろくがつ	しちがつ	はちがつ	くがつ	じゅうがつ
六月	七月	八月	九月	十月
じゅういちがつ	じゅうにがつ			
十一月	十二月			

単語：じゅうがつ（十月）　　　　　十月

ついたち（一日）　　　　　一日

こっけいせつ（国慶節）　　　国庆节；

ひ（日）　　　　　　　　　日，日期，节日；

いつも　　　　　　　　　　经常，日常；

どこ　　　　　　　　　　　哪里；

すごす（過ごす）　　　　　度，度过，生活；

じっか（実家）　　　　　　老家，故乡；

こうしゅう（杭州）　　　　杭州；

◎ 基礎<ruby>き<rt>そ</rt></ruby>トレーニング

请根据下面的对话，在画线处写出日语译文，并反复朗读。

吉田<ruby>よしだ<rt></rt></ruby>：小李，你的生日是几月几日？

_____

李<ruby>り<rt></rt></ruby>　：是10月1日。

_____

吉田<ruby>よしだ<rt></rt></ruby>：那么，和国庆节是同一天啊。

_____

李<ruby>り<rt></rt></ruby>　：是的。

_____

吉田<ruby>よしだ<rt></rt></ruby>：平时，你在哪里过生日？

_____

李<ruby>り<rt></rt></ruby>　：我回老家过生日。

_____

吉田<ruby>よしだ<rt></rt></ruby>：请问，你的老家是哪里？

_____

李<ruby>り<rt></rt></ruby>　：是杭州。

_____

◎ 応用<ruby>おうよう<rt></rt></ruby>トレーニング-1

请在括号里填入合适的内容。

1. A：今日は月曜日ですね。じゃ、明日は何曜日ですか。
   B：明日は（　　　　　　　　　　　）。
2. A：今日は金曜日ですね。じゃ、おとといは何曜日でしたか。
   B：おとといは（　　　　　　　　　　　）。
3. A：日本語の試験はいつですか。
   B：（　　　　）水曜日です。/下周的周三。
   A：英語も来週ですか。
   B：（　　　　）、（　　　　　　　）の木曜日です。/不，是下下周的周四。

4. A：（　　　　　　　　）の日はいつですか。/请问，国庆节是几月几日？
B：10月1日です。

5. A：これは李さんのですか。
B：（　　　　）、李さんのでは（　　　　　　　）。田中さんのです。
A：じゃ、李さんのは（　　　　　）ですか。/那么，小李的是哪一个？
B：（　　　　　）です。/是那一个。

◎　応用トレーニング-2

1. 次の単語を文に直しなさい。

(1) これ／何
→ _____

(2) 今日／吉田さん／誕生日
→ _____

(3) 昨日／休み／ではありません
→ _____

(4) 国慶節／いつ
→ _____

2. 正しい答えを選びなさい。

(1) これは何ですか。
（A. それは徐さんの手紙です。　　　　B. どれが本ですか。　　）

(2) それは誰のパソコンですか。
（A. 王さんです。　　　　B. 王さんのです。　　）

(3) 今日は何曜日ですか。
（A. 金曜日です。　　　　B. 10月1日です。　　）

(4) 実家はどこですか。
（A. 北京です。　　　　B. 来週です。　　）

3. 以下の情報に基づいて質問に答えなさい。

日 時間	日曜日	月曜日	火曜日	水曜日	木曜日	金曜日	土曜日
午前	誕生日 休み	今日 授業	授業	日本語試験		国慶節 休み	休み
午後				テニス練習	英語試験		
夜			自習	自習	パーティー		

(1) お誕生日は何曜日ですか。

→ _____

(2) 日本語の試験はいつですか。

→ _____

(3) パーティーは明日の夜ですか。

→ _____

(4) 国慶節はいつですか。

→ _____

4. 以下の会話文を完成しなさい。

【登場人物：遠藤さんと田中さん】

（場景：田中和远藤在谈论给小刘过生日的话题。）

遠藤：田中さん、これは何ですか。

田中：（　　　　）は劉さんへのプレゼントです。

　　　/那个是给小刘的礼物。

遠藤：えっ？今日（　　　　）劉さんのお誕生日ですか。

　　　/噢？今天是小刘的生日吗？

田中：（　　　　）、違います。明日です。

　　　/不，不是。是明天。

遠藤：明日は十月一日ですね。

田中：はい、劉さんのお誕生日は中国の（　　　　）の日です。遠藤さんも

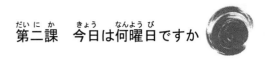

<ruby>一緒<rt>いっしょ</rt></ruby>に<ruby>行<rt>い</rt></ruby>きませんか。

/是的。小刘的生日是中国的国庆节。远藤，你也一起去怎么样？

<ruby>遠藤<rt>えんどう</rt></ruby>：お<ruby>誕生日<rt>たんじょうび</rt></ruby>のパーティーですか。

<ruby>田中<rt>たなか</rt></ruby>：はい、そうです。

<ruby>遠藤<rt>えんどう</rt></ruby>：いいですか。ありがとうございます。

日语口语教程

しんしゅつたん ご
新 出 単 語

これ⓪		代词	这，这个
何⓪	［なん］	代词	什么
それ⓪		代词	那，那个
プレゼント③		名词	礼物，礼品
今日③	［きょう］	名词	今天
誕生日③	［たんじょうび］	名词	生日
明日③	［あした］	名词	明天
本①	［ほん］	名词	书
じゃあ		感叹词	那么
あれ⓪		代词	那，那个
この⓪		连体词	这，这个（近称）
スマホ⓪		名词	智能手机
誰①	［だれ］	代词	谁
あの⓪		连体词	那，那个（远称）
どれ①		代词	哪个，哪一个
何曜日	［なんようび］		星期几，周几
木曜日③	［もくようび］	名词	星期四，周四
金曜日③	［きんようび］	名词	星期五，周五
昨日②	［きのう］	名词	昨天
水曜日③	［すいようび］	名词	星期三，周三
一昨日③	［おととい］	名词	前天
火曜日②	［かようび］	名词	星期二，周二
月曜日③	［げつようび］	名词	星期一，周一
何月①	［なんがつ］		几月
何日①	［なんにち］		几日
英語⓪	［えいご］	名词	英语
試験②	［しけん］	名词	考试
来週⓪	［らいしゅう］	名词	下星期，下周
ええと⓪		感叹词	嗯，啊
日本語⓪	［にほんご］	名词	日语
いつ①		代词	什么时候
今週⓪	［こんしゅう］	名词	本星期，这个星期
十月④	［じゅうがつ］		十月

一日④	［ついたち］		一日
国慶節③	［こっけいせつ］	名词	国庆节
日⓪	［ひ］	名词	日，日期，节日
いつも①		副词	经常，日常
どこ①		代词	哪里
過ごす②	［すごす］	五段动词	度，度过，生活
実家⓪	［じっか］	名词	老家，故乡
杭州①	［こうしゅう］	名词	杭州
パーティー①		名词	聚会，聚餐，派对
一緒に⓪	［いっしょに］	副词	一同，一起
行く⓪	［いく］	五段动词	去

国民の祝日について

　以下の通り、法律で「国民の祝日」が定められています。年末年始は元旦の祝日以外に約1週間正月休みに入る場合が多いです。また4月から5月第1週目には、「ゴールデンウィーク」と言われ、大型連休があります。夏の8月中旬には、一般的に「お盆休み」と言われ、里帰りをする人が多いです。それぞれの祝日の過ごし方、祝日の意味、また関連する伝統行事について調べてみましょう。毎年の詳細の日程については、内閣府のホームページで最新情報を確認しましょう。

国民の祝日一覧

月日	名称
1月1日	元日
1月第2月曜日	成人の日
政令で定める日（2月11日）	建国記念の日
春分日	春分の日
2月23日	天皇記念日
4月29日	昭和の日
5月3日	憲法記念日
5月4日	みどりの日
5月5日	こどもの日
7月の第3月曜日	海の日
8月11日 （2016年1月1日実施）	山の日
9月第3月曜日	敬老の日
秋分日	秋分の日
10月の第2月曜日	体育の日
11月3日	文化の日
11月23日	勤労感謝の日

※2020年より「体育の日」は、「スポーツの日」に名称変更。

応用トレーニング-1
正解：

1. 火曜日です

2. 水曜日でした

3. 来週の、いいえ、再来週

4. 国慶節

5. いいえ、ありません、どれ、あれ

応用トレーニング-2
正解：

1.（1）これは何ですか。

（2）今日は吉田さんのお誕生日ですか。

（3）昨日は休みではありません。

（4）国慶節はいつですか。

2.（1）A　　（2）B　　（3）A　　（4）A

3.（1）日曜日です。

（2）水曜日の午前です。

（3）いいえ、明日じゃありません。木曜日の夜です。

（4）金曜日です。

4. それ／ は ／いいえ／ 国慶節

第三課　どこにありますか
だい　さん　か

物や人などの存在が言える。物の位置について簡単に述べることができる。

学会用日语表达人或物体等的存在。能够简单描述物体所在的位置。

(1) 名詞＋に＋名詞＋が＋あります　　　＜表示无生命的物体的存在＞
めいし　　　　めいし

(2) 名詞＋に＋名詞＋が＋ありません
めいし　　　　めいし

(3) 名詞＋に＋名詞＋が＋います　　　　＜表示有生命的人或动物的存在＞
めいし　　　　めいし

(4) 名詞＋に＋名詞＋が＋いません
めいし　　　　めいし

(5) 名詞＋の＋上/下/隣/中　　　　　　＜表示位置＞
めいし　　　うえ　した　となり　なか

(6) 年齢・時間　　　　　　　　　　　＜数词-2＞

基礎フレーズ

会話-1

（場景：吉田和小李在谈论远藤房间里的物品。）

吉田：ここは誰の部屋ですか。

李　：遠藤さんの部屋です。

吉田：部屋の中に何がありますか。

李　：テーブルやいすやベッドなどがあります。

吉田：テレビはありますか。

李　：いいえ、ありません。

吉田：ノートパソコンもありませんか。

李　：いいえ、テーブルの上に一台あります。

吉田：そのパソコンは何色ですか。

李　：黄色です。

📖 **説明**

◇「あります」表示事物（物体或植物等）的存在，它的疑问句为「あります
　か」，否定句为「ありません」。

◇格助词「に」可表示地点和位置，常译为“在”。

◇「や…や…など」表示列举，可列举两个或两个以上类似的事物，常译为
　“……啦……啦等”。

◇数量词「一台」可表示电脑或车辆等。

65

単語：ここ　　　　　　　　　　这，这里；

へや（部屋）　　　　　　　屋子，房间；

なか（中）　　　　　　　　里面；

テーブル　　　　　　　　　桌子；

いす　　　　　　　　　　　椅子；

ベッド　　　　　　　　　　床；

など　　　　　　　　　　　等等，之类，什么的；

ある　　　　　　　　　　　在，有；

テレビ　　　　　　　　　　电视；

ノートパソコン　　　　　　笔记本电脑；

うえ（上）　　　　　　　　上，上面；

いちだい（一台）　　　　　一台，一辆；

なにいろ（何色）　　　　　什么颜色；

きいろ（黄色）　　　　　　黄色；

◎ 基礎トレーニング

请根据下面的对话，在画线处写出日语译文，并反复朗读。

吉田：这里是谁的房间？

_____

李　：这是远藤的房间。

_____

吉田：房间里面有什么？

_____

李　：有桌子、椅子，还有床等。

_____

吉田：有电视机吗？

_____

李　：不，没有。

_____

吉田：连笔记本电脑也没有吗?

李　：不，桌子上有一台笔记本电脑。

吉田：那个电脑是什么颜色的?

李　：是黄色的。

会話-2

（场景：吉田和小李在谈论田中房间里的物品。）

吉田：テーブルの上に何がありますか。

李　：日本語の本があります。

吉田：その他に、何がありますか。

李　：パソコンもあります。

吉田：パソコンの隣に何がありますか。

李　：電子辞書があります。

吉田：テーブルの下に何がありますか。

李　：カバンがあります。

吉田：誰のカバンですか。

李　：田中さんのです。

吉田：カバンの中に何かありますか。

李　：いいえ、何もありません。

📖 説明

✧ 「上、下、隣、中」表示事物的位置，「名詞＋の＋上/下/隣/中」可译成
　　"……的上面/下面/旁边/里面"。

✧ 「<ruby>何<rt>なに</rt></ruby>か」表示不确定的内容或未知的事物，可译成"什么""某种"等。

✧ 「<ruby>何<rt>なに</rt></ruby>も」可译成"什么也"等。

<ruby>単語<rt>たんご</rt></ruby>：そのほか（その他）　　　　　除此之外；

そのほか（その他）

となり（隣）　　　　　　　　旁边；

でんしじしょ（電子辞書）　　电子词典；

した（下）　　　　　　　　　下面；

カバン　　　　　　　　　　　包，皮包；

◎ <ruby>基礎<rt>きそ</rt></ruby>トレーニング

请根据下面的对话，在画线处写出日语译文，并反复朗读。

<ruby>吉田<rt>よしだ</rt></ruby>：桌子上面有什么？

_____

<ruby>李<rt>り</rt></ruby>　：有（一本）日语书。

_____

<ruby>吉田<rt>よしだ</rt></ruby>：还有别的吗？

_____

<ruby>李<rt>り</rt></ruby>　：还有一台笔记本电脑。

_____

<ruby>吉田<rt>よしだ</rt></ruby>：笔记本电脑旁边有什么呢？

_____

<ruby>李<rt>り</rt></ruby>　：有电子词典。

_____

<ruby>吉田<rt>よしだ</rt></ruby>：桌子下面有什么？

_____

<ruby>李<rt>り</rt></ruby>　：有一个书包。

_____

<ruby>吉田<rt>よしだ</rt></ruby>：那是谁的书包？

_____

李_り　：是田中的。

_____

吉田_{よしだ}：书包里面有东西吗?

_____

李_り　：不，什么都没有。

_____

【動物園で】

（场景：吉田和小李在谈论动物园里的动物。）

吉田：ここはどこですか。

李　：北京の動物園です。

吉田：動物園には何がいますか。

李　：象やキリンやパンダなどの動物がいます。

吉田：キリンは何頭いますか。

李　：五頭います。

📖 説明

✧ 「います」表示人或动物（昆虫）等的存在，它的疑问句为「いますか」，否定句为「いません」。

✧ 「～など」可与助词「の」复合构成「～などの＋名詞」，表示"……等"的意思。

✧ 数量词「～頭」常表示大型动物的数量。

📖 注意

通常日语数量词可单独使用，它后面不需要使用助词。

単語：ペキン（北京）	北京；
どうぶつえん（動物園）	动物园；
いる	有，在；
ぞう（象）	大象；
キリン	长颈鹿；

| パンダ | 大熊猫； |
| とう（頭） | 只，头； |

◎ 基礎トレーニング

请根据下面的对话，在画线处写出日语译文，并反复朗读。

吉田：这里是什么地方?

_____

李　：这里是北京动物园。

_____

吉田：动物园里有些什么呢?

_____

李　：有大象、长颈鹿、大熊猫等动物。

_____

吉田：有几只长颈鹿呢?

_____

李　：有五只。

_____

会話-4

（场景：小陈在向小刘询问同学和老师在哪里。）

陳：教室に誰がいますか。

劉：李さんと遠藤さんがいます。

陳：楊さんはどこにいますか。

劉：食堂にいます。

陳：先生はどちらですか。

劉：先生は、今、おりません。研究室にいます。

71

📖 説明

✧ 「先生はどちらですか」中的「どちら」是「どこ」的敬语。

✧ 「おりません」由「おる＋ません」变化而来，是「いません」的敬语表达。

単語：きょうしつ（教室）　　　　　　　教室；
　　　しょくどう（食堂）　　　　　　　食堂；
　　　せんせい（先生）　　　　　　　　老师；
　　　けんきゅうしつ（研究室）　　　　研究室；

◎ 基礎トレーニング

请根据下面的对话，在画线处写出日语译文，并反复朗读。

陳：教室里有谁呀？

_____

劉：小李和远藤在教室。

_____

陳：小杨在哪里呢？

_____

劉：她在食堂。

_____

陳：老师在哪儿？

_____

劉：老师现在不在。她在研究室。

_____

会話-5

（場景：小李和吉田看到对面楼的窗台上趴着一只小狗。）

李　　：あの部屋に犬がいますね。

吉田：はい、ハッピーちゃんです。

李　　：何歳ですか。

吉田：1歳6カ月です。

李　　：誰のですか。

吉田：遠藤さんのです。

説明

❖ 接尾辞「～ちゃん」与「～さん」的使用方式相似，都可接在人名后，但前者常用于关系亲密的人之间的称呼，有时也用于宠物。

❖ 数量词「～歳」表示年龄，与汉语的"岁"相同。

注意

❖「何歳」仅限于对幼童年龄的询问。而日常多数场合都会使用尊敬的方式提问，即「おいくつですか」。

❖ 年龄的说法

いっさい	にさい	さんさい	よんさい	ごさい
一歳	二歳	三歳	四歳	五歳
ろくさい	ななさい	はっさい	きゅうさい	じゅっさい、じっさい
六歳	七歳	八歳	九歳	十歳
じゅういっさい	じゅうよんさい	じゅうななさい	じゅうはっさい	はたち
十一歳	十四歳	十七歳	十八歳	二十歳

日本祝寿之年的名称:

還暦［かんれき］60岁；古希［こき］70岁；喜寿［きじゅ］77岁；

傘寿［さんじゅ］80岁；米寿［べいじゅ］88岁；卒寿［そつじゅ］90岁；

白寿［はくじゅ］99岁；紀寿［きじゅ］百寿［ひゃくじゅ］100岁；

（1）表示年龄时的数字读音比较多样，已在上述表格里明确标示。其中，如「一歳」只能念作「いっさい」，而不能念成「いちさい」。另，「十歳」有两种读法。「二十歳」的读法比较特别，读作「はたち」。

（2）日本也有过大寿的习俗，过去多以虚岁计算大寿之年，如今更偏向于以周岁计算（即「満○歳」）。

単語
た
ん
ご
：いぬ（犬）　　　　　　　　　狗；

　　　なんさい（何歳）　　　　　几岁，多大年纪；

　　　ろっかげつ（6カ月）　　　六个月；

◎ 基礎トレーニング
き
そ

请根据下面的对话，在画线处写出日语译文，并反复朗读。

李
り
：我看见有一只狗在那间屋子里。

_____

吉田
よしだ
：是的。它叫"小Happy"。

_____

李
り
：它多大了？

_____

吉田
よしだ
：1岁6个月。

_____

李
り
：那是谁的小狗啊？

_____

吉田
よしだ
：是远藤的。

_____

会話-6（かいわ）

（場景：吉田和小李在谈论上课时间。）

吉田（よしだ）：これから日本語（にほんご）の授業（じゅぎょう）ですね。

李（り）：はい、そうです。10時（じゅうじ）から基礎日本語（きそにほんご）の授業（じゅぎょう）があります。

吉田（よしだ）：ヒアリングの授業（じゅぎょう）は何時（なんじ）からですか。

李（り）：午後1時（ごごいちじ）からです。

吉田（よしだ）：会話（かいわ）の授業（じゅぎょう）はありませんか。

李（り）：はい、ありません。会話（かいわ）の授業（じゅぎょう）は明日（あした）です。

📖 **説明**

✧ 语气词「～ね」可接在「です」后，表示确认、感叹等。

✧ 「～から」可表示时间上的起始，相当于汉语的"从……"。

✧ 数量词「～時（じ）」表示时间，相当于汉语的"……点"。

📖 **注意**

✧ 时间的说法

いちじ	にじ	さんじ	よじ	ごじ
一時	二時	三時	四時	五時
ろくじ	しちじ	はちじ	くじ	じゅうじ
六時	七時	八時	九時	十時
じゅういちじ	じゅうにじ	じゅうさんじ	じゅうよじ	じゅうごじ
十一時	十二時	十三時	十四時	十五時
じゅうろくじ	じゅうしちじ	じゅうはちじ	じゅうくじ	にじゅうじ
十六時	十七時	十八時	十九時	二十時
にじゅういちじ	にじゅうにじ	にじゅうさんじ	にじゅうよじ	
二十一時	二十二時	二十三時	二十四時	

（1）表示时间的数字读音比较固定，其中「四時、七時、九時」的读音比较特殊。并且，在描述具体时间时，可用24小时制，也可用「午前（上午）」「午後（下午）」来表达。

例：A：今、何時ですか。　　　　　　　　　请问，现在几点？

B：午後2時です。／１４時です。　　　下午2点。

A：何時に授業がありますか。　　　　（你）几点有课？

B：午前８時にあります。　　　　　　（我）上午8点有课。

（2）日语中"一个小时"的概念，可用「1時間」来表示，其余的都可以此类推。

例：1時間、2時間、3時間……／一个小时，两个小时，三个小时……

単語：これから　　　　　　　　　　　从今以后，今后，将来，从现在起；

じゅぎょう（授業）　　　　　　　课，课程；

きそ（基礎）　　　　　　　　　　基础；

ヒアリング　　　　　　　　　　　听力；

なんじ（何時）　　　　　　　　　几点；

ごご（午後）　　　　　　　　　　下午；

かいわ（会話）　　　　　　　　　会话；

◎ 基礎トレーニング

请根据下面的对话，在画线处写出日语译文，并反复朗读。

吉田：你马上要上日语课，对吧？

_____

李　：是的。10点钟有基础日语课。

_____

吉田：听力课是几点上呢？

_____

李　：从下午1点开始。

_____

吉田：没有会话课吗?

_____

李　：是的，没有。会话课在明天。

_____

◎ 応用トレーニング-1

请在括号里填入合适的内容。

1. A：王さんのお姉さんはおいくつですか。

　　B：（　　　　　　　）です。/ 18岁了。

　　A：お兄さんはおいくつですか。

　　B：（　　　　　　　）です。/ 26岁了。

2. 请根据下列图片，完成会话。

　　吉田：今、何時ですか。

　　李　：（　　　　　　　）です。

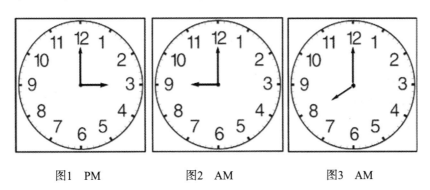

图1　PM　　　　　　　图2　AM　　　　　　　图3　AM

◎ 応用トレーニング-2

1. 次の単語を文に直しなさい。

　（1）どこ／テーブル／ありますか

　　　→　_____

　（2）パソコン／隣／辞書／あります

　　　　　　　　　　　　　　　　　　　　　　　→

　　　→　_____

(3) 楊さん／食堂／いません

→ _____

(4) ヒアリング／授業／何時

→ _____

2. 正しい答えを選びなさい。

(1) ここは誰の部屋ですか。

（A. 田中さんの部屋です。　　　　B. テレビです。　　　　　　　）

(2) 部屋の中に何がありますか。

（A. パソコンもありません。　　　B. テーブルがあります。　　　）

(3) パソコンの隣に何がありますか。

（A. カバンがあります。　　　　　B. パソコンの上です。　　　　）

(4) 教室に誰がいますか。

（A. 先生はいません。　　　　　　B. 劉さんと徐さんがいます。）

3. 線で文を結びなさい。

1. パソコン		教室にいます。
2. 犬		テーブルの上にあります。
3. 先生		小屋の中にいます。

4. 以下の会話文を完成しなさい。

【登場人物：学生の李さんと徐さん】

（場景：小李在向小徐询问教室内的人员情况。）

李さん：楊先生は教室に（　　　　　　）か。

　　　　/杨老师在教室吗？

徐さん：いいえ、教室に（　　　　　　　　）。研究室に（　　　　　　）。

　　　　/不，她不在教室。她在研究室。

李さん：教室には（　　　　　　　）がいますか。

　　　　/有谁在教室里？

徐さん：遠藤さん（　　　　　　　）パクさんがいます。

　　　　/远藤和小朴在教室。

李さん：田中さんは（　　　　　　　）か。

　　　　/田中没在教室吗？

徐さん：（　　　　　　　　）、田中さんは運動場にいます。

　　　　/是的。他在操场。

李さん：じゃあ、隣の教室には（　　　　　　）がいますか。

　　　　/那么，旁边的教室里有人吗？

徐さん：誰も（　　　　　　　）。

　　　　/没有人。

しんしゅつたん ご
新 出 単 語

ここ⓪		代词	这，这里
部屋②	［へや］	名词	屋子，房间
中①	［なか］	名词	里面
テーブル⓪		名词	桌子
いす⓪		名词	椅子
ベッド①		名词	床
など		助词	等等，之类，什么的
ある①		五段动词	在，有
テレビ①		名词	电视
ノートパソコン④		名词	笔记本电脑
上⓪	［うえ］	名词	上，上面
一台	［いちだい］	数量词	一台，一辆
何色	［なにいろ］		什么颜色
黄色⓪	［きいろ］	名词	黄色
その他②	［そのほか］	名词	除此之外
隣⓪	［となり］	名词	旁边
電子辞書④	［でんしじしょ］	名词	电子词典
下⓪	［した］	名词	下面
カバン⓪		名词	包，皮包
北京①	［ペキン］	名词	北京
動物園④	［どうぶつえん］	名词	动物园
いる⓪		一段动词	有，在
象①	［ぞう］	名词	大象
キリン⓪		名词	长颈鹿
パンダ①		名词	大熊猫
頭	［とう］	量词	只，头
教室⓪	［きょうしつ］	名词	教室
食堂⓪	［しょくどう］	名词	食堂
先生③	［せんせい］	名词	老师
研究室③	［けんきゅうしつ］	名词	研究室
犬②	［いぬ］	名词	狗
何歳①	なんさい		几岁，多大年纪
６カ月	［ろっかげつ］	数量词	六个月

これから④⓪		名词・副词	从今以后，今后，将来，从现在起
授業①	［じゅぎょう］	名词	课，课程
基礎①②	［きそ］	名词	基础
ヒアリング⓪①		名词	听力
何時①	［なんじ］		几点
午後①	［ごご］	代词	下午
会話⓪	［かいわ］	名词	会话

人に尋ねる時によく使うフレーズ

　場所が分からない時、どうすれば良いでしょうか。交通機関であれば、「インフォメーションセンター」、駅員や係員の方を探すと良いでしょう。例えば、買い物に行ったデパートで売り場やトイレを探す場合、「インフォメーションセンター」もしくは近くにいる店員に尋ねると、丁寧に教えてくれます。

　この場面で、いきなり「（場所）はどこですか」と尋ねるのではなく、「あのう、すみません。ちょっと、よろしいですか。」など、前置きの言葉を話すと、相手は安心することでしょう。「すみません」という言葉は、相手に迷惑をかけた時の罪の意味より、日常会話では「相手への呼びかけ」や「感謝」の意味で使う場合が多いです。日本語の「すみません」は、幅広い場面で使うことのできる便利な表現の一つです。

　「ちょっと…」は、口語で「相手への呼びかけ」以外に、「ちょっと…、参加できません。」というように、否定形で使い、相手の誘いや要望に応えられない時に、婉曲的に使う表現もあります。日本語の曖昧表現と関連して、様々な場面で前置きの言葉が使われますので、それぞれの場面で意味を考えてみましょう。

応用トレーニング-1
せいかい
正解：
1.　十八歳、二十六歳。
　　じゅうはっさい　にじゅうろくさい
2. 午後 3 時、午前9時、午前 8 時。
　　ごごさんじ　ごぜんくじ　ごぜんはちじ

応用トレーニング-2
せいかい
正解：

1.(1) どこにテーブルがありますか。

　(2) パソコンの隣に辞書があります。

　(3) 楊さんが／は食堂にいません。

　(4) ヒアリングの授業は何時ですか。

2.(1)A　　　(2) B　　　(3) A　　　(4)B

3.(1) パソコンがテーブルの上にあります。

　(2) 犬が小屋の中にいます。

　(3) 先生が教室にいます。

4.おります／おりません／おります／だれ／と／いません／はい／だれ／いません

第四課　学校はどうですか
<small>だい　よん　か</small>　　　<small>がっこう</small>

　　物や場所などの状態が言える。自分の感想や意見などについて簡単に述べることができる。

　　学会用日语表达事物或场所等的性质状态。能够简单描述自己的感想或意见。

学習項目：
<small>がくしゅうこうもく</small>

(1) 名詞＋は＋形容詞＋です　　　　　　　　　＜形容词谓语句肯定形式＞
<small>めいし　　　　けいようし</small>

(2) 名詞＋は＋形容詞＋ですか　　　　　　　　＜形容词谓语句疑问形式＞
<small>めいし　　　　けいようし</small>

(3) 名詞＋は＋形容詞語幹＋く＋ありません　　＜形容词谓语句否定形式＞
<small>めいし　　　　けいようし　ごかん</small>

(4) 形容詞＋名詞　　　　　　　　　　　　　　＜修饰关系＞
<small>けいようし　めいし</small>

会話-1

（場面：吉田さんと李さんが学校食堂の前で話しています。）

吉田：この食堂は小さいですね。

李　：ええ。でも、料理はおいしいです。

吉田：この食堂には四川料理がありますか。

李　：ええ、あります。この食堂は小さいです。でも、料理の種類
　　　は多いです。

吉田：そうなんですか。

李　：四川料理は辛いですよ。

吉田：ええ、でも、おいしいです。

李　：そうですね。

📖 **説明**

❖ 形容词谓语句的肯定形式基本结构是「名詞＋は＋形容詞＋です」。这与第一
课所学习的一般肯定句（名词谓语句的肯定形式）「～は＋名詞＋です」的基
本结构相同，只替换了「です」前的单词的词性。其疑问形式为「～は＋形容
詞＋ですか」。

❖ 终助词「ね」表示确认，用于向听话人征求同意时，读升调。

❖ 「そうなんですか」表示惊讶，此处亦可使用「そうですか」。

❖ 接续词「でも」表示逆接或对前项信息的补充，常译为"但是/可是/不过"。

❖ 「ええ」表示肯定，是「はい」的口语表达形式。

❖ 终助词「よ」表示告知或提醒，用于提醒听话人所不了解的事情，读升调。

❖ 「そうですね」表示同意对方的说法，注意「ね」的发音不要拉长。

単語：ちいさい（小さい）　　　　　小的；

　　　でも　　　　　　　　　　　但是，可是，不过；

　　　りょうり（料理）　　　　　菜肴，饭菜；

　　　しせん（四川）　　　　　　四川；

　　　しゅるい（種類）　　　　　种类；

　　　からい（辛い）　　　　　　辣；

　　　おいしい（美味しい）　　　好吃，好喝，可口；

◎ 基礎トレーニング

请根据下面的对话，在画线处写出日语译文，并反复朗读。

吉田：这个食堂真小呀。

_____

李　：是的，不过，菜很好吃。

_____

吉田：这里有四川菜吗？

_____

李　：嗯，有的。这个食堂很小，但是，菜的种类很多。

_____

吉田：是嘛！

_____

李　：四川菜是很辣的。

_____

吉田：嗯，但是很好吃。

_____

李　：是呀。

_____

会話-2

（場面：吉田さんと李さんが中日両国の天気などについて話しています。）

吉田：李さん、こんにちは。

李　：こんにちは。

吉田：今日は暑いですね。

李　：そうですね。３５度もあります。今東京も暑いですか。

吉田：ええ、東京も暑いです。李さんの故郷はどうですか。

李　：故郷は杭州で、中国の南方にあります。だから、日本と同じくらい暑いです。

吉田：杭州は北京から遠いですか。

李　：ええ、とても遠いです。飛行機で2時間、高速鉄道で6時間です。

吉田：中国はとても広いですね。

📖 **説明**

◇「数量詞＋も」表示强调，强调程度高、数量大。「35度もあります」表示"高达35度"的意思。

◇「どうですか」用来询问听话人的意见或感想，可译成"如何？/怎么样？"。

　　例：四川料理はどうですか。　　四川菜怎么样？

　　　　この学校はどうですか。　　这个学校怎么样？

◇接续词「だから」表示因果关系，常译为"因此/所以"。需要注意的是，汉语中"因为……所以……"属于固定搭配形式，但是日语中用一个「だから」连接原因句和结果句，即可表示因果关系。

◇格助词「から」表示时间、动作或作用的起点，可译为"从、由、自、离"等，此处译为"离"。

単語：あつい（暑い）　　　　　　　　　热的；

　　　ど（度）　　　　　　　　　　　度，度数；

　　　とうきょう（東京）　　　　　　东京；

　　　ふるさと（故郷）　　　　　　　故乡，老家；

　　　なんぽう（南方）　　　　　　　南方；

　　　だから　　　　　　　　　　　　因此，所以；

　　　おなじ（同じ）　　　　　　　　同，相同，一样；

　　　くらい　　　　　　　　　　　　表示程度；

　　　とても　　　　　　　　　　　　很，非常；

　　　ひこうき（飛行機）　　　　　　飞机；

　　　こうそくてつどう（高速鉄道）　高铁；

◎ 基礎トレーニング

请根据下面的对话，在画线处写出日语译文，并反复朗读。

吉田：小李，你好。

_____

李　：你好。

_____

吉田：今天真热呀！

_____

李　：是呀，有35度呢。现在东京也很热吗？

_____

吉田：是的，东京也很热。小李的老家怎么样？

_____

李　：我的老家是杭州，杭州在中国的南方。所以，跟日本一样很热。

_____

吉田：杭州离北京远吗？

_____

李　：嗯，很远。乘坐飞机要2小时，乘坐高铁要6小时。

吉田：中国真大啊。

ステップアップ

会話-3

（場面：吉田さんと李さんが新しく買ったコートについて話しています。）

吉田：李さん、おはようございます。
李　：おはようございます。
吉田：そのコートは薄いですね。寒くありませんか。
李　：いいえ、全然寒くありません。
吉田：そうですか。ところで、そのコートかわいいですね。高いですか。
李　：いいえ、あまり高くありません。800元です。

説明

✧形容词谓语句的否定形式基本结构是「形容詞語幹＋く＋ありません」，如「寒くありません」。也可以用「形容詞語幹＋く＋ないです」的形式，如「寒くないです」。

✧「全然+否定」表示全面否定，可译为“一点儿也不/完全不……”。
「あまり+否定」表示“不太/不怎么……”
例：このコートは全然高くないです。　这件外套一点儿也不贵。
　　今日はあまり暑くありません。　今天不怎么热。

✧「ところで」作为接续词，表示转换话题，可译为“可是，不过，即使”等。

単語：コート	上衣，外套；
うすい（薄い）	薄的；
さむい（寒い）	冷的；
ぜんぜん（全然）	完全，根本；
ところで	可是，不过，对了（用于转换话题）；
かわいい	可爱的，讨人喜欢的；
たかい（高い）	贵，昂贵，高；
げん（元）	元（人民币货币单位）；

◎ 基礎トレーニング

请根据下面的对话，在画线处写出日语译文，并反复朗读。

吉田：小李，早上好。

＿＿＿＿＿＿＿＿＿＿＿＿＿＿＿＿＿＿＿＿＿＿＿＿＿＿＿

李 ：早上好。

＿＿＿＿＿＿＿＿＿＿＿＿＿＿＿＿＿＿＿＿＿＿＿＿＿＿＿

吉田：你的外套很薄呀。不冷吗?

＿＿＿＿＿＿＿＿＿＿＿＿＿＿＿＿＿＿＿＿＿＿＿＿＿＿＿

李 ：不，一点都不冷。

＿＿＿＿＿＿＿＿＿＿＿＿＿＿＿＿＿＿＿＿＿＿＿＿＿＿＿

吉田：是嘛。你这件外套可真好看。贵吗?

＿＿＿＿＿＿＿＿＿＿＿＿＿＿＿＿＿＿＿＿＿＿＿＿＿＿＿

李 ：不，不怎么贵。人民币800元。

＿＿＿＿＿＿＿＿＿＿＿＿＿＿＿＿＿＿＿＿＿＿＿＿＿＿＿

会話-4

（場面：李さんが矢野さんを連れて天安門に着く。）

【天安門で】

矢野：いい天気ですね。

李　：そうですね。北京は初めてですか。

矢野：はい。天安門は本当に大きな建物ですね。

李　：そうですね。それは明の時代の建物です。

矢野：その青い瓦は何ですか。

李　：「瑠璃瓦」です。

矢野：青い瓦と赤い門は美しいですね。

説明

✧ 日语中描述事物的形象或性质、特征时，常会用到形容词或形容动词。本课重点学习日语的形容词用法。形容词修饰名词时，可直接接在名词之前，且不发生任何活用形变化，即「形容詞＋名詞」。

✧ 格助词「と」表示列举，基本构成形式是「名詞1＋と＋名詞2」，可译为"和"。

単語：いい	好；
てんき（天気）	天气；
てんあんもん（天安門）	天安门；
ほんとうに（本当に）	真的；
おおきな（大きな）	巨大，宏大；
たてもの（建物）	建筑物；
みん（明）	明朝；
じだい（時代）	朝代，时代；

あおい（青い）	蓝色的;
かわら（瓦）	瓦;
るりがわら（瑠璃瓦）	琉璃瓦;
あかい（赤い）	红色的;
もん（門）	门;
うつくしい（美しい）	美丽的;

◎ 基礎トレーニング

请根据下面的对话，在画线处写出日语译文，并反复朗读。

矢野：真是好天气呀。

_____

李　：是呀，你是第一次来北京吗？

_____

矢野：是的，天安门真是个高大的建筑物。

_____

李　：是呀，那是明代时建造的。

_____

矢野：那个蓝色的瓦是什么？

_____

李　：那是琉璃瓦。

_____

矢野：蓝色的瓦和红色的门，真美呀。

_____

（ばめん：田中さんと劉さんがカラオケで話しています。）

【カラオケで】

田中 ：「苦いレモンのにおい…」

　　　　　…

劉 ：いい歌ですね。ゆっくりしたメロディーです。

田中 ：そうですね。ドラマの主題歌です。日本でとても人気があります。

劉 ：いつのドラマですか。古いドラマですか。

田中 ：いいえ、全然古くないです。2018年の新しいドラマです。

単語：にがい（苦い）	苦的；
レモン	柠檬；
におい	气味儿；
うた（歌）	歌；
ゆっくり	慢慢地，慢悠悠地；
メロディー	旋律；
ドラマ	电视剧；
しゅだいか（主題歌）	主题歌；
にんきがある（人気がある）	受欢迎；
ふるい（古い）	老的，旧的；
あたらしい（新しい）	新的；

◎ 基礎トレーニング

请根据下面的对话，在画线处写出日语译文，并反复朗读。

田中：「苦いレモンのにおい…」

……

劉　：真好听。是一个很慢的音乐旋律。

_____

田中：是呀。这是电视剧的主题曲。它在日本非常受欢迎。

_____

劉　：什么时候的电视剧？是老剧吗？

_____

田中：不，一点儿也不老。是2018年的新剧。

_____

会話-6

（場面：田中さんと劉さん、李さんが歩きながら話しています。）

田中　：北京第二外国語学院はどうですか。

李　　：ええと、キャンパスはちょっと小さいです。でも、とても
　　　　いい雰囲気の大学です。

劉　　：食堂の料理もおいしいですよ。

田中　：いいですね。留学生がいますか。

李　　：はい、います。韓国と日本からの留学生は多いです。欧米
　　　　からの留学生はあまり多くありません。

劉　　：うちの大学の日本語学部は有名ですよ。

田中　：そうですか。劉さんも李さんも日本語はとても上手です
　　　　ね。

李、劉：いいえ、まだまだです。

単語：キャンパス　　　　　　　校园；

ふんいき（雰囲気）　　　　气氛；

おうべい（欧米）　　　　　欧美；

うち　　　　　　　　　　　我，我们；

ゆうめい（有名）　　　　　有名，著名，闻名；

じょうず（上手）　　　　　擅长，高明，能手；

まだまだ　　　　　　　　　还早，还差得远；

◎ 基礎トレーニング

请根据下面的对话，在画线处写出日语译文，并反复朗读。

田中：北京第二外国语学院怎么样？

_____

李　：嗯，校园稍微有点儿小。但是，大学的氛围非常好。

_____

劉　：食堂的饭菜也很好吃呢。

_____

田中：这么好呀。学校有留学生吗？

_____

李　：有。韩国和日本的留学生比较多。欧美的留学生不太多。

_____

劉　：我们学校的日语系很有名呢。

_____

田中：是吗，小刘和小李的日语都很棒啊。

_____

李、劉：哪里哪里，还有很多不足。

_____

◎ 応用トレーニング-1

请在括号里填入合适的内容。

1. A：この料理は辛いですか。

　　B：いいえ、あまり（　　　　　　　）。

2. A：王さんの家は学校から遠いですか。

　　B：いいえ、全然（　　　　　　　）です。

3. A：劉さん、そのコートは小さくないですか。

　　B：そうですね。ちょっと（　　　　　　　）です。

4. A：この学校はどうですか。

　　B：ええと、（　　　　　　　　　　　　　　　　）です。

◎ 応用トレーニング-2

请自由回答下列问题。

1. あなたの部屋は広いですか。

　　→_____

2. 食堂の料理はおいしいですか。

　　→_____

3. 今日は暑くありませんか。

　　→_____

4. 日本語の先生は優しいですか。

　　→_____

5. 北京の地下鉄は高いですか。それとも、安いですか。

　　→_____

6. 友達が何人いますか。新しい友達がいますか。　　（注：友達/朋友）

　　→_____

◎ 応用トレーニング-3
おうよう

1. 请介绍一下自己的学校/家庭/公司等，并在卡片上标示相关信息。

2. 请根据卡片上的信息，询问身边朋友的相关情况。

わたしの＿＿＿＿＿（学校/家/会社）
がっこう いえ かいしゃ

空间大小：＿＿＿＿＿＿＿＿＿＿＿＿＿＿＿

环境氛围：＿＿＿＿＿＿＿＿＿＿＿＿＿＿＿

食堂/料理：＿＿＿＿＿＿＿＿＿＿＿＿＿＿＿

距车站远近：＿＿＿＿＿＿＿＿＿＿＿＿＿＿＿

其　他：＿＿＿＿＿＿＿＿＿＿＿＿＿＿＿

> 単词提示

形容詞：大きい、小さい、広い、狭い、いい、辛い、苦い、おいしい、遠い、青い、
　　　　赤い、高い、古い、新しい、暑い、寒い、かわいい、近い

副　詞：ちょっと、あまり、全然、とても、本当に、もっと

◎ 応用トレーニング-4
おうよう

1. 次の単語を文に直しなさい。
つぎ たんご ぶん なお

(1) 日本語／むずかしい／とても
にほんご

→ ＿＿＿＿＿＿＿＿＿＿＿＿＿＿＿＿＿＿＿

(2) 日本語／漢字／あります
にほんご かんじ

→ ＿＿＿＿＿＿＿＿＿＿＿＿＿＿＿＿＿＿＿

(3) 昨日／天気／よい
きのう てんき

→ ＿＿＿＿＿＿＿＿＿＿＿＿＿＿＿＿＿＿＿

(4) 日本／アニメ／おもしろい
にほん

→ ＿＿＿＿＿＿＿＿＿＿＿＿＿＿＿＿＿＿＿

2. 正しい答えを選びなさい。

(1) この桜ホテルはどうですか。

　　(A.駅からちょっと遠いです。　　　B.駅からとても高いです。)

(2) カバンの中に何がありますか。

　　(A.ノートパソコンがあります。　　B.お金がありません。　　)

(3) 今週の月曜日があまり忙しくなかったです。

　　(A.たいへんでしたね。　　　　　　B.よかったですね。　　　)

(4) 先生は優しいですか。

　　(A.はい、楽しいです。　　　　　　B.はい、優しいです。　　)

3. 線で文を結びなさい。

1.美しい花　　　　2.青い空　　　　　3.寒い夜　　　　4.おいしい料理

4. 以下の会話文を完成しなさい。

【登場人物：　学生の陳さんと徐さん】

陳さん：北京第二外国語学院はどこにありますか。

徐さん：北京の東側にあります。

陳さん：キャンパスは広いですか。

徐さん：いいえ、ちょっと（　　　　　）です。でも、食堂の料理は

　　　　（　　　　　）です。

陳さん：いいですね。学校の先生は（　　　　　）か。

徐さん：はい、とても優しいです。

陳さん：徐さんの実家はどこですか。

徐さん：天津です。

陳さん：学校からちょっと（　　　　　　）ですね。

徐さん：はい、そうです。

新出単語

小さい③	[ちいさい]	形容词	小的
でも①		接续词	但是，可是，不过
料理①	[りょうり]	名词	菜肴，饭菜
四川	[しせん]	名词	四川
種類①	[しゅるい]	名词	种类
辛い②	[からい]	形容词	辣
美味しい⓪③	[おいしい]	形容词	好吃，好喝，可口
暑い②	[あつい]	形容词	热的
度	[ど]	量词	度，度数
東京	[とうきょう]	名词	东京
故郷②	[ふるさと]	名词	故乡，老家
南方⓪	[なんぽう]	名词	南方
だから①		接续词	因此，所以
同じ⓪	[おなじ]	形容动词	同，相同，一样
くらい		副助词	表示程度
とても⓪		副词	很，非常
飛行機②	[ひこうき]	名词	飞机
高速鉄道⑤	[こうそくてつどう]	名词	高铁
コート①		名词	上衣，外套
薄い⓪②	[うすい]	形容词	薄的
寒い②	[さむい]	形容词	冷的
全然⓪	[ぜんぜん]	副词	完全，根本
ところで③		接续词	可是，不过，对了（用于转换话题）
かわいい③		形容词	可爱的，讨人喜欢的
高い②	[たかい]	形容词	贵，昂贵，高
元①	[げん]	名词	元（人民币货币单位）
いい①		形容词	好
天気①	[てんき]	名词	天气
天安門③	[てんあんもん]	名词	天安门
本当に	[ほんとうに]	副词	真的
大きな①	[おおきな]	连体词	巨大，宏大
建物②③	[たてもの]	名词	建筑物

明①	［みん］	名词	明朝
时代⓪	［じだい］	名词	朝代，时代
青い②	［あおい］	形容词	蓝色的
瓦⓪	［かわら］	名词	瓦
瑠璃瓦③	［るりがわら］	名词	琉璃瓦
赤い⓪	［あかい］	形容词	红色的
門①	［もん］	名词	门
美しい④	［うつくしい］	形容词	美丽的
苦い②	［にがい］	形容词	苦的
レモン①⓪		名词	柠檬
におい②		名词	气味儿
歌②	［うた］	名词	歌
ゆっくり③		副词	慢慢地，慢悠悠地
メロディー①		名词	旋律
ドラマ①		名词	电视剧
主题歌②	［しゅだいか］	名词	主题歌
人気がある	［にんきがある］	短语	受欢迎
古い②	［ふるい］	形容词	老的，旧的
新しい④	［あたらしい］	形容词	新的
キャンパス①		名词	校园
雰囲気③	［ふんいき］	名词	气氛
欧米⓪	［おうべい］	名词	欧美
うち⓪		名词	我，我们
有名⓪	［ゆうめい］	形容动词	有名，著名，闻名
上手③	［じょうず］	形容动词	擅长，高明，能手
まだまだ①		副词	还早，还差得远

● コラム ●

日本人の好きな色

　五色（ごしき）とは、青・赤・黄・白・黒（玄）の5色で、古代中国の陰陽五行説に由来します。この五行を色で表したものが五色であり、日本文化と深く関わっています。日本人の好きな色として「白」、「緑」、「青」が挙げられます。これらの色が多くの人から好感が持たれる色だと言えます。

　日本で贈り物を選ぶ際、シンプルで、飾り気のない自然色、淡い色、白をベースにしたタオル、ハンカチ、寝具、生活用品など、人気があります。街中で日本人が着用している服を見ても、「白」、「黒」が定番として、フォーマルな装いのコーディネートとしても選ばれます。好きな色はそれぞれ個人差がありますが、一般的に地味で落ち着く色を選ぶ傾向にあります。

　中国では、結婚式のウェディングドレス、春節の飾り物、お祝いの装いなど、華やかな「赤」が好まれます。中国で「赤」は、国旗の色、おめでたい時の色、幸運をもたらす色として知られています。様々な色と関わる文化風習、伝統行事などを一例に更に調べてみましょう。

日语口语教程

応用トレーニング-1
せいかい
正 解:
1. 辛くありません　　　　　　　2. 遠くない　　　　　3. 小さい
4. あまり広くありません。でも、とてもいい雰囲気の学校。

応用トレーニング-4
せいかい
正 解:
1.(1) 日本語がとてもむずかしいです。

　(2) 日本語に漢字があります。

　(3) 昨日の天気がよかったです。

　(4)日本のアニメはおもしろいです。

2.(1) A　　　(2) A　　　(3) A　　　(4) B

3.略

4.小さい／おいしい／優しい／遠い

104

第五課　ノートパソコンは小さくて軽いです

学習目的：

物や場所などの状態が言える。形容詞の活用形を把握することができる。

学会用日语表达事物或场所等的性质状态。能够掌握形容词的各种活用形式。

学習項目：

(1) 形容詞語幹＋い		＜形容词的基本形＞
(2) 形容詞語幹＋い＋です		＜形容词的敬体现在时肯定形式＞
(3) 形容詞語幹＋く＋ない＋です		＜形容词的敬体现在时否定形式＞
(4) 形容詞語幹＋かった＋です		＜形容词的敬体过去时肯定形式＞
(5) 形容詞語幹＋く＋なかった＋です		＜形容词的敬体过去时否定形式＞
(6) 形容詞語幹＋く＋て＋形容詞		＜形容词的接续＞

日语口语教程

基礎フレーズ

会話-1

（場　面：エリスさんと李さんが教室で日本語の学習について話しています。）

エリス：日本語は難しいですね。

李　　：えっ、そうですか。あまり難しくないですよ。

エリス：李さんにとって、難しくないですか。

李　　：そうですね。日本語の中に漢字がたくさんあります。だから、中国人にとって、そんなに難しくないです。

エリス：なるほど。でも、私にとって、とても難しいです。

李　　：英語の中には漢字がありませんからね。

エリス：そうです。私はやさしい日本語の本がほしいです。

📖 説明

❖ 形容词基本形由形容词的词干和词尾两部分构成。形容词词尾，即形容词基本形的最后一个假名都是「い」。当形容词发生活用形变化时，只有词尾发生改变，词干不变化。

❖ 形容词的敬体现在时肯定形式的基本结构是「形容詞語幹＋い＋です」，可表示说话人对听话人礼貌的态度。

例：難しい/難しいです　；　やさしい/やさしいです

❖ 形容词修饰名词时，可直接连接使用，即「形容詞＋名詞」。

❖ 形容词的"现在时态"用来描述现在或将来的性质、状态；形容词的"过去时态"用来描述过去的性质、状态。

❖ 「あまり」作为副词，常与否定相呼应使用，表示程度，可译为"（不）怎么"或"（不）大"。

106

❖「にとって」常接续在表示人或组织的名词之后，表示评价的立场，可译为
"对……来说""从……立场来看"。

例：王さんにとって仕事がすべてです。/对于小王而言，工作就是全部。

人間にとって空気と水はなくてはならないものです。

/对于人类来说，空气和水是缺一不可的。

❖「なるほど」表示赞同、同意之意，也可用于表示附和。

❖「名詞＋が＋ほしいです」表示想要某物。

📖 注意

❖形容词的敬体现在时否定形式基本结构有两种，分别是「名詞＋は＋形容詞語
幹＋く＋ありません」和「名詞＋は＋形容詞語幹＋く＋ないです」，但二者
表达的意思相同。

例：① 日本語は難し<u>く</u>ありません。/日语不难。
② 日本語は難し<u>く</u>ないです。/日语不难。

基本形	现在肯定形（敬体）	现在否定形（敬体）
難しい	難しいです	難しくないです 難しくありません
いい・よい	いいです・よいです	よくないです よくありません
高い	高いです	高くないです 高くありません
美味しい	美味しいです	美味しくないです 美味しくありません

単語：むずかしい（難しい）　　　难；

あまり　　　　　　　不太，不怎么（后接否定）；

〜にとって　　　　　对于……而言；

かんじ（漢字）　　　汉字；

そんなに　　　　　　那么，那么样；

なるほど　　　　　　原来如此，怪不得；

から　　　　　　　　由于……的缘故；

やさしい（易しい）　容易的，简单的；

ほしい（欲しい）　　要，想要；

◎ 基礎(きそ)トレーニング

请根据下面的对话，在画线处写出日语译文，并反复朗读。

エリス：日语可真难啊。

_____

李(り)　：咦？是吗，我觉得不怎么难呀。

_____

エリス：对你来说，不难吗？

_____

李(り)　：是呀，因为日语中有很多汉字，所以对中国人来说，不太难。

_____

_____

エリス：原来是这样。可对我来说，非常难。

_____

李(り)　：应该是英语里没有汉字的缘故。

_____

エリス：是的。我想要一本容易点的日语书。

_____

会話(かいわ)-2

（場面(ばめん)：田中(たなか)さんがパクさんに買(か)ったばかりのノートパソコンを見(み)
　　　　せる。）

パク：カバンの中(なか)に何(なに)がありますか。
田中(たなか)：ノートパソコンがあります。
パク：ノートパソコンですか。小(ちい)さくて軽(かる)いですね。
　　　それは高(たか)かったですか。
田中(たなか)：いいえ、あまり高(たか)くなかったです。5600元(ごせんろっぴゃくげん)です。
パク：私(わたし)のノートパソコンは大(おお)きくて重(おも)いです。

私も新しいノートパソコンがほしいです。でも、新しいのは
　　とても高いので…

田中：値段が安いものもありますよ。

パク：そうですか。じゃ、一度お店に行ってみます。

📖 説明

◇ 形容词的敬体过去时肯定形式基本结构是「形容詞語幹＋かった＋です」。
　　例：赤い→赤かった
　　　　顔色が赤かったです。/之前脸色发红。

　　　　よい→よかった
　　　　天気がよかったです。/之前天气很好。

◇ 两个形容词连接使用时，基本构成形式是「形容詞語幹＋くて＋形容詞」。助
　　词「て」表示并列，可译为 "既……又……；又……又……"。
　　例：小さくて軽い；　安くて美味しい；柔らかくてかわいい

◇ 「もの」作为形式名词，指代物体或物品，可译为 "东西"。
　　例：赤いものは安いです。/红色的价格便宜。
　　　　美味しいものが多いです。/有很多好吃的。

◇ 「新しいのは」的「のは」由形式名词「の」和格助词「は」复合形成，前者
　　指代具体物体，后者起强调作用。

◇ 「ので」作为接续助词，接在用言或助动词之后连接前后事项，表示客观上存
　　在的原因或理由，译为 "因为" 或 "由于"。

◇ 「お店」中的「お」作为美化语、接在独立词之前，但不改变该词的词性。
　　例：お茶；　お寿司；　お花

◇ 「行ってみます」表示 "打算去光顾一下" 之意，具体用法将在以后的课程中
　　学习。

109

単語：かるい（軽い）　　　　　　　　轻；

　　　おもい（重い）　　　　　　　　沉，重；

　　　もの　　　　　　　　　　　　　物品，东西；

　　　いちど（一度）　　　　　　　　一回，一次；

　　　みせ（店）　　　　　　　　　　商店，店铺；

　　　てみる　　　　　　　　　　　　试试看，看一下；

◎ 基礎トレーニング

请根据下面的对话，在画线处写出日语译文，并反复朗读。

パク：包里有什么？

_____

田中：有笔记本电脑。

_____

パク：笔记本电脑呀。真是又小又轻。这个电脑贵吗？

_____

田中：不，不怎么贵，5600元。

_____

パク：我的笔记本电脑又大又沉。我也想要个新的。但是，新的又很贵。

_____

_____

田中：店里也有便宜的电脑。

_____

パク：是吗？那么，我也要去看一看了。

_____

（場面：田中さんと李さんが職場で話しています。）

田中：最近忙しいですね。

李　：ええ、特に先週はとても忙しかったです。

田中：そうでしたか。先週の木曜日と金曜日は、私もとても忙し
　　　かったです。でも、今週の月曜日は、あまり忙しくなかった
　　　です。

李　：私の場合、今週の月曜日も先週ほど忙しかったです。

田中：大変でしたね。

李　：ちょっと最近、疲れているので、休みがほしいですね。

田中：そうですね。

📖 説明

◇形容詞的敬体过去时否定形式有两种，其基本结构分别如下，但二者意思
　相同。
　①「形容詞語幹＋く＋なかったです」
　②「形容詞語幹＋く＋ありませんでした」
　例：その映画は面白くありませんでした。/那个电影没意思。
　　　その映画は面白くなかったです。/那个电影没意思。

基本形	現在否定形（敬体）	過去否定形（敬体）
やさしい	やさしくないです やさしくありません	やさしくなかったです やさしくありませんでした
悪い	悪くないです 悪くありません	悪くなかったです 悪くありませんでした

（续表）

基本形	现在否定形（敬体）	過去否定形（敬体）
<ruby>涼<rt>すず</rt></ruby>しい	涼しくないです 涼しくありません	涼しくなかったです 涼しくありませんでした
<ruby>遠<rt>とお</rt></ruby>い	遠くないです 遠くありません	遠くなかったです 遠くありませんでした

✧ 「ほど」用来表示比较的标准或表示大概的范围，可译为"不像……那么"。

例：今日は昨日ほど<ruby>寒<rt>さむ</rt></ruby>くないです。/今天没有昨天那么冷。

<ruby>仕事<rt>しごと</rt></ruby>が<ruby>山<rt>やま</rt></ruby>ほどあります。/工作堆积如山。

✧ 「<ruby>大変<rt>たいへん</rt></ruby>」表示程度很深或情况严重。

✧ 「<ruby>疲<rt>つか</rt></ruby>れている」表示"目前感到很辛苦"之意。

<ruby>単語<rt>たんご</rt></ruby>：　さいきん（最近）　　　　　　最近；

　　　　　いそがしい（忙しい）　　　忙，忙碌；

　　　　　とくに（特に）　　　　　　特别，格外；

　　　　　ばあい（場合）　　　　　　情形，场合；

　　　　　ほど　　　　　　　　　　　表示程度；

　　　　　たいへん（大変）　　　　　严重，厉害，不得了；辛苦；

　　　　　つかれる（疲れる）　　　　疲劳，劳累；

　　　　　やすみ（休み）　　　　　　休息，休假；

◎ <ruby>基礎<rt>きそ</rt></ruby>トレーニング

请根据下面的对话，在画线处写出日语译文，并反复朗读。

<ruby>田中<rt>たなか</rt></ruby>：最近真忙呀。

_____

<ruby>李<rt>り</rt></ruby>　：特别是上周非常忙。

_____

<ruby>田中<rt>たなか</rt></ruby>：是呀，上周四和上周五我也是特别忙。

但，这周的星期一，我不怎么忙。

_____

_____

李　　：不过，我这周一和上周一样忙。

田中：真是不容易呀。

李　　：最近感觉真累，好想休息一下呀。

田中：你说得没错。

会話-4

（場面：劉さんが矢野さんにホテル情報について聞いています。）

劉　　：矢野さん、東京駅に近いホテルを知っていますか。

矢野：青山ホテルは駅からとても近いです。

劉　　：そうですか。値段やサービスはどうですか。

矢野：サービスは良いですが、一泊７８００円でちょっと高いです。

劉　　：そうですね。確かに高いですね。

矢野：じゃ、桜ホテルはどうですか。部屋は少し狭いですが、一泊４５００円です。

劉　　：値段は安いですね。

矢野：でも、青山ホテルより駅からちょっと遠いですよ。

劉　　：歩いて行けますか。

矢野：ええ、駅の東の方へ歩いて15分ぐらいです。

劉　　：そうですか。値段が安い方が良いので、桜ホテルにしましょう。

説明

✧　「サービスがいい」表示"服务好"。值得注意的是，形容词「いい」在发生

113

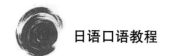

活用变化时的特殊性，即转化为现在时否定、过去时肯定、过去时否定形式时，首先要将「いい」变为「よい」，然后在此基础上进行活用变化。

✧ 「名詞1＋は＋名詞2＋より＋形容詞です」是比较句，可译为"名词1比名词2……"。助词「より」表示比较的基准。

例：今日は昨日より暑いです。/ 今天比昨天热。

中 国は日本より広いです。/ 中国比日本大。

英語は日本語より難しいです。/ 英语比日语难。

✧ 「名詞＋にしましょう」表示决定选择前项名词。此处可译为"我们就定樱花宾馆吧"。

単語：		
やの（矢野）	矢野；
えき（駅）	车站，站；
ちかい（近い）	近；
しる（知る）	知道，知晓，得知；
あおやま（青山）	青山；
サービス	服务；
ねだん（値段）	价格；
いっぱく（一泊）	住一宿；
えん（円）	日元（货币单位）；
たしか（確か）	确实，确切；
さくら（桜）	樱花；
すこし（少し）	稍微，稍许；
せまい（狭い）	狭小，面积小；
やすい（安い）	便宜；
より	比，较之，基于；
あるく（歩く）	步行，行走；
いける（行ける）	能走到；
ひがし（東）	东边，东侧；
ほう（方）	方面；

◎ 基礎トレーニング

请根据下面的对话，在画线处写出日语译文，并反复朗读。

劉　：矢野，你知道哪家宾馆离东京站近啊？

_____

矢野：青山宾馆离车站很近。

_____

劉　：是嘛。住宿价格和服务怎么样呢？

_____

矢野：服务很好。但是，住一晚要7800日元，比较贵。

_____

劉　：是的，确实有点贵。

_____

矢野：那么，这个樱花宾馆怎么样？房间小了点，但住一晚4500日元。

_____

_____

劉　：价格很实惠。

_____

矢野：但是，这个宾馆比青山宾馆离车站要远一点。

_____

劉　：可以步行去吗？

_____

矢野：可以。该酒店位于车站东侧，步行大概15分钟。

_____

劉　：是嘛。我还是喜欢便宜点的酒店，那就订樱花宾馆吧。

_____

（場面：パクさんが日本旅行から帰ってきた李さんと話しています。）

パク：李さん、お久しぶりです。

李　：お久しぶりです。

パク：日本の旅行は楽しかったですか。

李　：はい、楽しかったです。

　　　でも、食べ物はちょっと高かったです。

パク：そうですか。どんな物を食べましたか。

李　：寿司、ラーメン、うどん、天ぷらなどを食べました。とても
　　　美味しかったです。

パク：ところで、日本人はどうでしたか。

李　：ええと、大阪の人は明るくて、親切でした。東京の人は忙し
　　　くて、静かでした。

パク：そうでしたか。大阪と東京は違いますね。

説明

✧　「お久しぶりです」作为较长时间没见面时的寒暄语，可译为"好久不见"。
　　亲近的朋友之间寒暄时，可以省略为「お久しぶり」。

✧　「どんな」作为连体词，表示性质和状态，可译为"怎样的"。相关的连体词
　　如下：

近称	中称	远称	不定称
こんな	そんな	あんな	どんな
这样的	那样的	那样的	哪样的，怎样的

例：楊さんはどんな人ですか。　　小杨是怎样的一个人？

　　どんな国ですか。　　　　　是怎样的一个国家呢？

✧ 动词「違います」表示"不同，不一样"。

単語：おひさりぶり（お久しぶり）　　好久不见；

　　　りょこう（旅行）　　　　　　旅行；

　　　たべもの（食べ物）　　　　　食物；

　　　たべる（食べる）　　　　　　吃；

　　　すし（寿司）　　　　　　　　寿司，醋饭团；

　　　ラーメン　　　　　　　　　　拉面；

　　　うどん　　　　　　　　　　　呜咚面；

　　　てんぷら（天ぷら）　　　　　天妇罗；

　　　あかるい（明るい）　　　　　和蔼，和善，开朗；

　　　しんせつ（親切）　　　　　　热情，亲切；

　　　しずか（静か）　　　　　　　静，安静；

◎ 基礎トレーニング

请根据下面的对话，在画线处写出日语译文，并反复朗读。

パク：小李，好久不见。

_____

李　：好久不见。

_____

パク：日本旅行开心吗？

_____

李　：嗯，很开心。但是，日本吃的东西有点贵。

_____

パク：是吗？你都品尝了哪些美味？

_____

李　：寿司、拉面、乌冬面、天妇罗等。非常好吃！

パク：话说日本人怎么样？

李　：嗯，大阪人很开朗，而且很亲切。东京人很忙碌，比较文静。

パク：原来如此。大阪和东京果确实有所不同啊。

会話-6

（場面：田中さんと李さんはキャンパスで歩きながら話しています。）

田中：最近、何か映画を見ましたか。
李　：はい、「君の名は」という映画を見ました。
田中：どうでしたか。
李　：とても面白かったです。映画館は人がいっぱいでしたよ。
田中：本当に人気がありますね。わたしも先週見に行きたかったの
　　　ですが、試験がありまして…
李　：そうですか。いつ試験がありますか。
田中：来週の火曜日です。
李　：何の試験ですか。
田中：「ＨＳＫの模擬試験」と「世界史」があります。どちらも難し
　　　いです。
李　：去年、HSKの試験に合格したばかりじゃないですか。
田中：ええ、その試験はHSKの二級で、今回は三級向けです。
李　：そうですか。よく頑張っていますね。

第五課　ノートパソコンは小さくて軽いです

📖 **説明**

❖ 「見ました」表示已经发生的动作，此处可译为"看过了"。

❖ 「〜という」作为形式动词，是一种没有实质性内容或具体概念的动词。它由助词「と」和动词「いう」构成，多接在引用内容之后，可译为"叫做……的"。

❖ 「よ」作为语气助词，表示强调或提醒。

❖ 「たい」作为助动词，其活用形与形容词相同，表示"希望，想要"之意。「行きたかった」为过去时态，表示"当时我很想去"之意。

❖ 「〜ですが」表示逆态的接续，即前项与后项是不协调或者和预料相反的关系，可译为"虽然……但是"。

❖ 「〜がありまして」表示因某种原因，导致其后面的结果。

❖ 「ばかり」作为副助词，接续在动词过去时简体之后，表示动作、行为刚刚结束。相当于汉语的"刚刚"。

❖ 「〜じゃないですか」是「〜ではありませんか/〜ではないですか」口语简体形式，可译为"不是……吗？"。

❖ 「〜向け」常接在名词之后，表示面向某人群或某方面。

単語：えいが（映画）　　　　　　　电影；

　　　　みる（見る）　　　　　　　　看，瞧，观看；

　　　　きみのな（君の名）　　　　　你的名字；

　　　　〜という　　　　　　　　　　叫做，称为；

　　　　おもしろい（面白い）　　　　有趣；

　　　　いっぱい（一杯）　　　　　　满，充满；

　　　　せんしゅう（先週）　　　　　上周，上星期；

　　　　エッチエスケー（HSK）　　　汉语水平考试；

　　　　もぎ（模擬）　　　　　　　　模拟；

　　　　せかいし（世界史）　　　　　世界史；

　　　　ごうかく（合格）　　　　　　合格，及格，考上；

　　　　〜きゅう（〜級）　　　　　　级，级别；

119

こんかい（今回）	此次，这回；
よく	认真地，十分，常常；很好地；
がんばる（頑張る）	奋斗，拼命努力，加油；

◎ 基礎トレーニング

请根据下面的对话，在画线处写出日语译文，并反复朗读。

田中：最近，你看什么电影了吗？

_____

李　：是的，我看了《你的名字》。

_____

田中：这部电影怎么样？

_____

李　：很有意思。电影院里座无虚席。

_____

田中：真是很受欢迎啊！我上周也打算去看来着，但是因为有考试，所以就没去。

_____

李　：是吗？什么时候要考试呢？

_____

田中：是下周二。

_____

李　：是什么考试呢？

_____

田中：HSK模拟考试和世界史的考试。这两门都很难。

_____

李　：去年，你不是通过了HSK的考试了吗？

_____

田中：是的。但那个考试是2级，这次是面向3级的考试。

_____

李　：这样啊。田中你可真努力呀！

_____

◎ 応用トレーニング-1

请自由回答下列问题。

1. 日本語は難しいですか。

　　→ _____

2. 今週は先週より忙しいですか。

　　→ _____

3. 昨日の天気はよかったですか。

　　→ _____

4. おすすめの面白い本がありますか。

　　→ _____

5. ご両親はどのような人ですか。

　　→ _____

6. 今、何か欲しいものはありますか。

　　→ _____

◎ 応用トレーニング-2

1.请介绍一件自己想要的物品，并在卡片上标示相关信息。

2.请根据卡片上的信息，询问身边朋友相关情况。

_____がほしいです
大小： _____
颜色： _____
轻重： _____
价格： _____
其他： _____

単词提示

形容詞：大きい、小さい、青い、赤い、白い、黒い、重い、軽い、高い、安い、古い、
新しい、難しい、かわいい、広い、長い、いい、辛い、苦い、美味しい

副　詞：ちょっと、あまり、全然、とても、本当に、もっと、やっぱり

◎ 応用トレーニング-3

1. 次の単語を文に直しなさい。

(1) 日本語／漢字／難しい

→ _____

(2) 青山ホテル／駅／から／遠い

→ _____

(3) 今週／月曜日／先週／忙しくなかった

→ _____

(4) 私／ノートパソコン／大きい／重い

→ _____

2. 正しい答えを選びなさい。

(1) 日本の旅行は楽しかったですか。

（A. はい、楽しいです。　　　　　　　B. はい、楽しかったです。）

(2) 日本語の中に漢字がたくさんあります。だから、中国人にとって_____。

（A. 難しくないです。　　　　　　　　B. 難しいです。　　　　　）

(3) 青山ホテルはサービスがよくて安いです。

（A. じゃ、青山ホテルにしましょう。　B. それはたいへんですね。）

(4) 王：最近は忙しいですね。

李：そうですね、特に先週はとても_____。

（A. 忙しいです。　　　　　　　　　　B. 忙しかったです。　　　）

3. 線で文を結びなさい。

(1) 旅行が楽しい　　　(2) お金がほしい　　　(3) 漢字が難しい

123

新 出 単 語

難しい	[むずかしい]	形容词	难
あまり		副词	不太，不怎么（后接否定）
にとって			对于……而言
漢字	[かんじ]	名词	汉字
そんなに⓪		副词	那么，那么样
なるほど⓪		副词	原来如此，怪不得
から		格助词	由于……的缘故
易しい⓪③	[やさしい]	形容词	容易的，简单的
欲しい②	[ほしい]	形容词	要，想要
軽い⓪	[かるい]	形容词	轻
重い⓪	[おもい]	形容词	沉，重
もの②⓪		形式名词	物品，东西
一度③	[いちど]		一回，一次
店②	[みせ]	名词	商店，店铺
てみる		补助动词	试试看，看一下
最近⓪	[さいきん]	名词	最近
忙しい④	[いそがしい]	形容词	忙，忙碌
特に①	[とくに]	副词	特别，格外
場合⓪	[ばあい]	名词	情形，场合
ほど		副助词	表示程度
大変⓪	[たいへん]	名词・形容动词	严重，厉害，不得了；辛苦
疲れる③	[つかれる]	一段动词	疲劳，劳累
休み③	[やすみ]	名词	休息，休假
矢野	[やの]	人名	矢野
駅①	[えき]	名词	车站，站
近い②	[ちかい]	形容词	近
知る⓪	[しる]	五段动词	知道，知晓，得知
青山⓪	[あおやま]	名词	青山
サービス①		名词	服务
値段⓪	[ねだん]	名词	价格
一泊⓪	[いっぱく]		住一宿
円①	[えん]		日元（货币单位）

確か①	［たしか］	形容动词・副词	确实，确切
桜⓪	［さくら］	名词	樱花
少し②	［すこし］	副词	稍微，稍许
狭い②	［せまい］	形容词	狭小，面积小
安い②	［やすい］	形容词	便宜
より		格助词	比，较之，基于
歩く②	［あるく］	五段动词	步行，行走
行ける⓪	［いける］	一段动词	能走到
東⓪③	［ひがし］	名词	东边，东侧
方①	［ほう］	名词	方面
久しぶり⓪⑤	［ひさりぶり］	名词・形容动词	好久不见
旅行⓪	［りょこう］	名词	旅行
食べ物③②	［たべもの］	名词	食物
食べる②	［たべる］	一段动词	吃
寿司②①	［すし］	名词	寿司，醋饭团
ラーメン①		名词	拉面
うどん⓪		名词	呜咚面
天ぷら⓪	［てんぷら］	名词	天妇罗
明るい⓪③	［あかるい］	形容词	和蔼，和善，开朗
親切①⓪	［しんせつ］	名词・形容动词	热情，亲切
静か①	［しずか］	形容动词	静，安静
映画①⓪	［えいが］	名词	电影
見る①	［みる］	一段动词	看，瞧，观看
君の名	［きみのな］	短语	你的名字
という		形式动词	叫做，称为
面白い④	［おもしろい］	形容词	有趣
一杯⓪	［いっぱい］	副词	满，充满
先週⓪	［せんしゅう］	名词	上周，上星期
HSK	［エッチエスケー］	名词	汉语水平考试
模擬①	［もぎ］	名词	模拟
世界史②	［せかいし］	名词	世界史
合格⓪	［ごうかく］	名词・サ变动词	合格，及格，考上
～級	［～きゅう］	量词	级，级别
今回①	［こんかい］	副词	此次，这回

よく①		副词	认真地，十分，常常；很好地
頑張る③	[がんばる]	五段动词	奋斗，拼命努力，加油
両親①	[りょうしん]	名词	双亲，父母
楽しい③	[たのしい]	形容词	开心，快乐

第五課　ノートパソコンは小さくて軽いです

● コラム ●

日本の公共交通

　日本の公共交通機関は、航空、鉄道、バスなどがあります。世界でも最も発達した交通網を持ち、特に時刻表（ダイヤ）の正確さと便利さでは有名です。最近では、乗換情報のアプリから目的地までの時刻、ルートを検索することができ、大変便利です。新幹線は、最近の技術開発と利用者の拡大により、1時間あたり最大10本と運転本数を増加しています。東京―新神戸を結ぶ東海道新幹線の車両には、「のぞみ」、「ひかり」、「こだま」があります。東京-大阪間を最短2時間半に短縮され、片道指定席の運賃価格は、14,720円です。

　鉄道には、JR線、各種の私鉄線、地下鉄線、モノレール等があり、都市間や都心の移動で大変便利です。電車が通っていない地域では、路線バスがあり、主要な交通手段となっている地域もあります。

　空港への出入りは、リムジンバスや電車での移動が便利です。タクシーは料金が高く、一般の交通手段としては使われていません。また自家用車の利用は、環境への配慮、駐車場や交通渋滞の問題を避けるため、通勤時は少なく、公共交通機関を利用する人が多いです。

　駅まで遠い場合、通勤・通学に自転車を利用する人も多いです。駅付近には一時利用また契約利用の駐輪場があります。駅付近、公道に自転車駐輪禁止地区があり、勝手に駐輪すると、罰則を受けます。必ず決められた駐輪場に自転車を置きましょう。

応用トレーニング-3
せいかい
正 解:

1.（1）日本語の漢字が難しいです。

（2）青山ホテルは駅から遠いです。

（3）今週の月曜日は先週ほど忙しくなかったです。

（4）私のノートパソコンは大きくて重いです。

2.（1）B　　（2）A　　（3）A　　（4）B

3. 略

第六課　どんな人が好きですか
<ruby>第<rt>だい</rt></ruby><ruby>六<rt>ろっ</rt></ruby><ruby>課<rt>か</rt></ruby>　どんな<ruby>人<rt>ひと</rt></ruby>が<ruby>好<rt>す</rt></ruby>きですか

人や物などの状態が言える。形容動詞の活用形を把握することができる。

学会用日语表达人或事物等的性质状态。能够掌握形容动词的各种活用形式。

・ <ruby>学習項目<rt>がくしゅうこうもく</rt></ruby>：・

(1)　<ruby>形容動詞語幹<rt>けいようどうしごかん</rt></ruby>＋だ	＜形容动词的基本形＞
(2)　<ruby>形容動詞語幹<rt>けいようどうしごかん</rt></ruby>＋です	＜形容动词的敬体现在时肯定形式＞
(3)　<ruby>形容動詞語幹<rt>けいようどうしごかん</rt></ruby>＋ではありません	＜形容动词的敬体现在时否定形式＞
(4)　<ruby>形容動詞語幹<rt>けいようどうしごかん</rt></ruby>＋でした	＜形容动词的敬体过去时肯定形式＞
(5)　<ruby>形容動詞語幹<rt>けいようどうしごかん</rt></ruby>＋ではありませんでした	＜形容动词的敬体过去时否定形式＞
(6)　<ruby>形容動詞語幹<rt>けいようどうしごかん</rt></ruby>＋で＋<ruby>形容詞<rt>けいようし</rt></ruby>/<ruby>形容動詞<rt>けいようどうし</rt></ruby>	＜形容动词的接续＞

【登場人物：クラスメートのミラーさんとエリスさん】

（場面：二人が電話で新しい学校のことについて話す。）

ミラー：もしもし、エリスですか。

エリス：はい、そうですが、どなたですか。

ミラー：クラスメートのミラーだよ。エリス、元気ですか。

エリス：ええ、元気です。

ミラー：留学生活はどうですか。

エリス：毎日忙しいです。でも、楽しいです。

　　　　それから、先生もクラスメートも親切です。

ミラー：そうですか。よかったです。学校はどこにありますか。

エリス：東京の文京区にあります。

ミラー：どんな学校ですか。

エリス：学校は広くてとてもきれいです。

ミラー：それはよかったです。頑張ってください。

📖 説明

✧ 形容动词基本形由形容动词的词干和词尾两部分构成。形容动词词尾，即形容动词基本形的最后一个假名都是「だ」。当形容动词发生活用形变化时，只有词尾发生改变，词干不变化。在单词表中，形容动词的词尾「だ」通常会被省略，即仅标记形容动词基本形的词干部分。

✧ 形容动词的现在时肯定形式基本结构是「形容動詞語幹＋だ/です」。以「～だ」结尾的形容动词为简体，「～です」结尾的敬体。其敬体可表示说话

人对听话人礼貌的态度。

例：親切だ/です；きれいだ/です；上手だ/です

✧ 形容动词的"现在时态"用来描述现在或将来的性质、状态；形容动词的"过去时态"用来描述过去的性质、状态。

✧ 「それから」作为接续词，可表示补充内容，译为"还有"。

✧ 「～てください」作为补助动词，接在动词之后，表示请求或命令听话者做某事，可译为"请"。

単語：
げんき（元気）	精神，健康；
りゅうがく（留学）	留学；
せいかつ（生活）	生活；
それから	还有；
ぶんきょうく（文京区）	文京区；
きれい	漂亮的，干净的；

◎ **基礎トレーニング**

请根据下面的对话，在画线处写出日语译文，并反复朗读。

ミラー：喂，请问是爱丽丝吗？

_____

エリス：是的，我就是。请问，您是哪位？

_____

ミラー：我是你的同班同学米勒。爱丽丝，你过得如何？

_____

エリス：嗯，我很好。

ミラー：留学生活怎么样？

_____

エリス：每天都很忙，但很开心。还有，老师和同学都很热情。

_____

ミラー：那可真好啊。你的学校在哪里？

_____

エリス：学校位于东京的文京区。

_____

ミラー：它是所怎样的学校呢？

_____

エリス：校园又大又漂亮。

_____

ミラー：真不错呀。你好好努力吧。

_____

会話-2

【登場人物：矢野さんと中国人留学生の李さん】
（場面：二人が新しい家について話す。）

矢野：劉さん、新しい家はどうですか。

劉　：広くてきれいで明るいです。
　　　隣の人たちも親切で優しいです。

矢野：それはよかったですね。

劉　：でも、駅から遠くてちょっと不便です。

矢野：駅から歩いてどのくらいですか。

劉　：１５分です。

矢野：それなら、全然問題ありませんよ。

📖 説明

✧ 形容动词的接续形式是「形容動詞語幹＋で＋形容詞/形容動詞」。「で」表示并列，可译为"既……又……；又……又……"。但是，在「駅から遠くてちょっと不便です」中的形容动词接续不能翻译成"既……又……；又……

又……"，因为此处「て」表示原因理由。

◇ 「～たち」接在名词或代词之后，表示复数。

　例：私たち/我们；　　あなたたち/你们；　隣の人たち/邻居们；

◇ 「それなら」作为接续词，可译为"如果那样，那么"。

単語：それなら　　　　　　　　　　如果那样；

　　　もんだい（問題）　　　　　　问题；

◎ 基礎トレーニング

请根据下面的对话，在画线处写出日语译文，并反复朗读。

矢野：小刘，你的新家怎么样？

_____

劉：房间又宽敞，又干净，又明亮。邻居们也很热情，和蔼。

_____

矢野：不错呀。

_____

劉：不过，离车站远，有点儿不方便。

_____

矢野：从车站要走多长时间呢？

_____

劉：15分钟。

_____

矢野：这个距离应该不成问题。

_____

【登場人物：矢野さんと中国人留学生の李さん】
（場面：二人が町のコンサートについて話す。）

矢野 ：王さんはロックが好きですか。

王　　：はい、とても好きです。

矢野 ：私もとても好きですよ。昔は静かな音楽が好きでした。

　　　ロックはあまり好きじゃありませんでした。

王　　：そうでしたか。

矢野 ：この町は以前、ロックコンサートはありませんでした。

　　　とても静かでした。

王　　：今は賑やかですね。

📖 説明

✧ 形容动词的敬体过去时否定形式的基本结构是「形容動詞語幹＋ではありませんでした」。与名词谓语句形式一致。「好きじゃありませんでした」由「好きではありませんでした」转变而来。

✧ 「名詞＋が＋好き」表示"喜欢……"，助词「が」用来提示情感的对象，类似的表达形式还有「名詞＋が＋ほしい/嫌い」。

　　例：新しいノートパソコンがほしいです。　　我想要个新笔记本电脑。

　　　　お酒が嫌いではありません。　　　　　我不讨厌酒。

　　此外，助词「が」还可以用来提示能力水平的对象，如「名詞＋が＋上手/下手」。

　　例：王さんは歌が上手です。　　　　　　小王擅长唱歌。

　　　　私は料理が下手です。　　　　　　　我菜做的不好。

楊さんはテニスが好_すきです。　　　　小杨喜欢打网球。

山口さんは辛_{から}い物_{もの}が嫌_{きら}いです。　　　山口先生不喜欢吃辣的。

単語_{たんご}：コンサート　　　　　　　　　音乐会，演唱会，演奏会；

　　　　ロック　　　　　　　　　　　摇滚；

　　　　クラシック　　　　　　　　　古典音乐；

　　　　ポップス　　　　　　　　　　流行音乐；

　　　　けいおんがく（軽音楽）　　　轻音乐；

　　　　むかし（昔）　　　　　　　　从前，过去；

　　　　まち（町）　　　　　　　　　街道，城市；

　　　　にぎやか（賑やか）　　　　　热闹，繁华；

　　　　へた（下手）　　　　　　　　笨拙，低劣；

◎　基礎_{きそ}トレーニング

请根据下面的对话，在画线处写出日语译文，并反复朗读。

矢野_{やの}：小王，你喜欢摇滚吗?

_____

王_{おう}　：是的，我很喜欢。

_____

矢野_{やの}：我也非常喜欢。我以前喜欢轻音乐，不太喜欢摇滚。

_____

王_{おう}　：是吗。

_____

矢野_{やの}：这条街道，以前从未举办过摇滚音乐会。一直都很安静。

_____

王_{おう}　：现在可真热闹啊!

_____

会話-4

【登場人物：劉さんと留学生の田中さん】

（場面：講義棟のロビーで二人が偶然出会い、演劇大会のことについて話す。）

田中：劉さん、こんにちは。

劉　：こんにちは。

田中：素敵な格好ですね。

劉　：ああ、先、演劇のリハーサルをしていまして…

田中：演劇に出るんですか。

劉　：はい、日本語の練習にもなるので、応募しました。

田中：劉さんは、日本語がお上手ですから、問題ないよ。ところで、いつが本番ですか。

劉　：今月の２６日です。今回は、有名な三味線のアーティストも来ます。

田中：そうですか。今回、本当に楽しみですね。

劉　：ええ、ぜひ見にきてください。

田中：はい、ありがとうございます。

📖 **説明**

❖ 形容動詞修飾名词时，基本结构是「形容動詞語幹＋な＋名詞」。此处与形容词明显不同，需要格外注意。

　　例：素敵だ＋格好　→　素敵な格好

　　　　うちの学校はきれいな所です。　　　我们学校是个很漂亮的地方。

　　　　李先生は親切な人です。　　　　　　李老师是个很热情的人。

❖ 「お＋形容詞/形容動詞」中，接头辞「お」表示尊敬。「お上手です」构成敬语结构，并表示赞许对方。与此类似的有：「お忙しい、お若い、お元気、

お上手」等。

❖ 「来ます」是「カ変動詞」的连用形，表示"会来的"。

❖ 「楽しみです」表示期待着某种愉快的事情。

❖ 「ぜひ見にきてください」表示诚恳邀请对方，一定出席或前来观看。

単語：すてき（素敵）	极好，绝佳；
かっこう（格好）	外表，外形，形象；
えんげき（演劇）	演剧；
リハーサル	预演，排练；
れんしゅう（練習）	练习；
おうぼ（応募）	应募，报名；
ほんばん（本番）	正式演出；
しゃみせん（三味線）	三味线；
アーティスト	艺术家，表演者；

◎ 基礎トレーニング

请根据下面的对话，在画线处写出日语译文，并反复朗读。

田中：小刘，你好！

_____

劉：你好！

_____

田中：你今天打扮得可真帅气呀！

_____

劉：哦，我刚参加完演剧的舞台排练。

_____

田中：你要出场表演吗？

_____

劉：嗯，我觉得可以趁机练一下我的日语，所以报了名。

_____

田中：小刘，你的日语很棒，所以一定没问题。演剧大会是几号正式开始？

_____

劉 ：是本月的26日。这次，三味线的名家也会到场。

_____

田中：是嘛，那真值得期待呀。

_____

劉 ：请你一定到现场来。

_____

田中：好的，谢谢！

_____

会話-5

【登場人物：友達同士の王さんと矢野さん】
（場面：二人がコンサートについて話す。）

王 ：矢野さん、先週忙しかったですね。
矢野：ええ、先週はすみませんでした。
　　　全然暇がありませんでした。
王 ：今週の土曜日、時間がありますか。
　　　コンサート、一緒にどうですか。
矢野：今週の土曜日ですね。はい、大丈夫ですよ。
　　　一緒にコンサートに行きましょう。

（コンサートが終わる）
矢野：いや、本当にすばらしかったですね。
王 ：さすが有名な音楽家の宮本さんですね。
矢野：背が高くてハンサムで、歌もギターも上手でしたね。
王 ：そうでしたね。私も感動しました。

📖 説明

❖ 形容动词的敬体过去时肯定形式的基本结构是「形容動詞語幹＋でした」。用来描述某事物过去的性质状态，与名词谓语句形式一致。

単語：じかん（時間）　　　　　　　時间；

だいじょうぶ（大丈夫）　　　　没问题；

すばらしい（素晴らしい）　　　绝佳，出色；

さすが　　　　　　　　　　　　真不愧是，果然是；

せ（背）　　　　　　　　　　　个子；

ハンサム　　　　　　　　　　　帅；

ギター　　　　　　　　　　　　吉他；

かんどう（感動）　　　　　　　感动，打动；

◎ 基礎トレーニング

请根据下面的对话，在画线处写出日语译文，并反复朗读。

王　：矢野，上周你很忙吧。

_____

矢野：是的，上周真不好意思。一点空都没有。

_____

王　：这周六你有时间吗？一起去音乐会，怎么样？

_____

矢野：这周六呀，没问题。咱们一起去吧。

（音乐会结束）

矢野：啊，真是太精彩了。

_____

王　：不愧是著名的音乐家宫本先生呀！

_____

139

矢野：个子又高，长得又帅，歌唱得好，吉他也弹得好。

___

王 ：是啊。我也彻底被他感动了。

___

ステップ3

会話-6

【登場人物：韓国人留学生のパクさんと中国人留学生の李さん】
（場面：二人がバイト先について話す。）

パク：李さん、新しいバイトはどんなバイトですか。どうですか。

李　：コンビニのバイトで、とても面白いです。でも、忙しくて暇
　　　がありません。

パク：そうですか。大変ですね。店長さんはどんな人ですか。

李　：店長は優しくて親切な人です。また、旅行がとても好きで、
　　　中国語も上手です。

パク：中国語もできるのですか。

李　：ええ、大学での専攻が中国文学です。

パク：そうでしたか。私も旅行が好きですが、日本語がまだ下手な
　　　ので、旅行がちょっと怖く感じます。

李　：そんな心配は要りませんよ。頑張れば上手になりますから。

パク：はい、ありがとうございます。

📖 説明

❖ 形容動詞的敬体現在时否定形式是「形容動詞語幹＋ではありません」。其否
　　定形式与名词谓语句否定形式一致，实际上形容动词做谓语时，各种活用形式
　　均与名词做谓语的形式一致。

❖ 「忙しくて」中的「て」表示原因。

❖ 「また」作为接续词，表示"而且，加之"之意。

❖ 「できる」表示"懂，能做到"之意。

❖ 「まだ」作为副词，表示"尚，仍然"之意。

141

日语口语教程

- ❖ 「ので」是接续助词，表示原因，其前面要接续名词或用言连体形。

- ❖ 「頑張れば」作为假设条件，表示"只要努力，就可以……"之意。

- ❖ 形容词接续形式是「形容詞語幹＋く＋て～」，「～」部分可以是形容词，也可以是形容动词。本课是「優しくて親切」，即「形容詞語幹＋く＋て＋形容動詞」。

- ❖ 形容動詞語幹の活用形のまとめ

时态	肯定	否定
非过去形式 （现在、将来）	形容動詞語幹＋です	形容動詞語幹＋ではありません
过去形式	形容動詞語幹＋でした	形容動詞語幹＋ではありませんでした

単語：バイト　　　　　　　　兼职；

コンビニ　　　　　　　　便利店；

ひま（暇）　　　　　　　空闲，余暇；

てんちょう（店長）　　　店长；

また　　　　　　　　　　而且，加之；

すき（好き）　　　　　　喜欢，喜爱；

せんこう（専攻）　　　　专业，专攻；

ぶんがく（文学）　　　　文学；

まだ　　　　　　　　　　还，仍；

こわい（怖い）　　　　　害怕，恐惧；

かんじる（感じる）　　　感觉；

しんぱい（心配）　　　　担心，挂念；

いる（要る）　　　　　　需要；必要；

◎ 基礎トレーニング

请根据下面的对话，在画线处写出日语译文，并反复朗读。

パク：小李，你在做哪一类的兼职？新的兼职怎么样？

_____

142

李 ：我在便利店做兼职，非常有趣。不过，也很忙，一点都闲不下来。

_____

パク：是嘛。真辛苦啊。那家店长怎么样？

_____

李 ：店长为人和善，也很亲切。而且，他很喜欢旅行，中文也说得很好。

_____

パク：他会说中文吗？

_____

李 ：是的，他上大学时的专业是中国文学。

_____

パク：是嘛。我也很喜欢旅行，不过我的日语还说得不好，所以对旅行有点畏惧。

_____

パク：你不必担心。只要加把劲就能学好日语的。

_____

李 ：嗯，谢谢。

_____

◎ 応用トレーニング-1

请在括号内填入合适的内容。

1. A：大学は静かですか。

   B：いいえ、（　　　　　　　　　　）。

2. A：日本語の勉強（　　　　　　　　）ですか。

   B：はい、好きです。

3. A：奈良は賑やかな町でしたか。

   B：いいえ、（　　　　　　　　　　　）。

143

4. A：お父さんはどんな人ですか。
   B：私の父は（　　　　　　　　　　　　　　　　　　　）人です。（既和蔼又开朗的人）

◎ 応用トレーニング-2

请自由回答下列问题。

1. お酒が好きですか。

2. 旅行はどうでしたか。

3. 地下鉄は便利ですか。それとも、バスは便利ですか。

4. 日本語の先生はどんな人ですか。

5. ふるさとはどんな所ですか。

6. あなたにとって、大切な物は何ですか。（注：大切/重要，珍贵）

◎ 応用トレーニング-3

1. 请介绍一位自己喜欢的人，并在卡片上标示相关信息。
2. 请根据卡片上的信息，询问身边朋友相关情况。

```
私の_____（お母さん/お父さん/友達/先生/アイドル…）

   身材：_____

   相貌：_____

   性格：_____

   兴趣：_____

   其他：_____
```

```
┌────────────┐
│  单词提示  │
└────────────┘
```

形容詞、形容動詞：背が高い、足が長い、太い、顔が小さい、きれい、ハンサム、かわいい、頭がいい、元気、明るい、親切、好き、嫌い、上手、下手、有名、完璧

副　詞：ちょっと、あまり、全然、とても、本当に、もっと、やっぱり、さすが

例：背が高くてハンサムな人；顔が丸くて目が大きい人；優しくて率直な人；テニスが上手な人；バレーボールが上手な人；読書が好きな人；旅行が好きな人；おしゃべりが好きな人

◎　応用トレーニング-4

1. 次の単語を文に直しなさい。

(1) 学校／は／に／の／近く／楊さん／駅／あります／の

　　→ _____

(2) 吉田さん／は／で／クラスメート／親切／の／ユーモア／です

　　→ _____

(3) どんな／は／の／あの店／店長／人／ですか

　　→ _____

(4) 昔／静か／李さん／は／が／の／音楽／好き／です

　　→ _____

2. 正しい答えを選びなさい。

(1) 日本語の授業はどうでしたか。
　　(A. 面白かったです。　　　　　　　B. 大丈夫でした。　　　　)

(2) 日本語の先生はどんな人ですか。
　　(A. 旅行が好きな人です。　　　　　B. 上手な人です。　　　　)

(3) すみません、来週の土曜日は暇ですか。
　　(A. 忙しかったです。　　　　　　　B. 全然暇がありません。)

（4）田中さんはどんな音楽が好きですか。
　　（A. 静かな音楽が好きです。　　　　　　B. ロックが好きじゃありません。）

3. 以下の空欄に活用形を書き入れなさい。

基本形	敬体現在時肯定	敬体現在時否定	敬体過去時肯定	敬体過去時否定
静か				
きれい				
親切				
元気				
上手				
下手				

4. 以下の会話文を完成しなさい。
　【登場人物：　留学生の田中さんと徐さん】
　徐　：田中さん、（　　　　　　　　　　）か。
　田中：ええ、おかげさまで元気です。
　徐　：大学の生活はどうですか。
　田中：毎日（　　　　　　）です。でも、授業が多くてちょっと忙しいです。
　徐　：そうですか。どんな科目がありますか。
　田中：中国語や英語や世界史、ヨーロッパ文学などがあります。
　徐　：本当に大変ですね。
　田中：はい。でも、毎日頑張っています。

新出単語

元気①	［ げんき ］	形容動詞	精神，健康
留学⓪	［ りゅうがく ］	名詞	留学
生活⓪	［ せいかつ ］	名詞	生活
それから⓪		接続詞	还有
文京区	［ ぶんきょうく ］	名詞	文京区
きれい①		形容動詞	漂亮的，干净的
それなら③		接続詞	如果那样
問題⓪	［ もんだい ］	名詞	问题
コンサート①③		名詞	音乐会，演唱会，演奏会
ロック①		名詞	摇滚
クラシック③②		名詞	古典音乐
ポップス①		名詞	流行音乐
軽音楽③	［ けいおんがく ］	名詞	轻音乐
昔⓪	［ むかし ］	名詞	从前，过去
町②	［ まち ］	名詞	街道，城市
賑やか②	［ にぎやか ］	形容動詞	热闹，繁华
下手②	［ へた ］	形容動詞	笨拙，低劣
素敵⓪	［ すてき ］	形容動詞	极好，绝佳
格好⓪	［ かっこう ］	名詞	外表，外形，形象
演劇⓪	［ えんげき ］	名詞	演剧
リハーサル②		名詞	预演，排练
練習⓪	［ れんしゅう ］	名詞・他サ	练习
応募①⓪	［ おうぼ ］	名詞	应募，报名
本番⓪	［ ほんばん ］	名詞	正式演出
三味線⓪	［ しゃみせん ］	名詞	三味线
アーティスト①		名詞	艺术家，表演者
時間⓪	［ じかん ］	名詞	时间
大丈夫③	［ だいじょうぶ ］	形容動詞	没问题
素晴らしい④	［ すばらしい ］	形容詞	绝佳，出色
さすが⓪		副詞	真不愧是，果然是
背⓪①	［ せ ］	名詞	个子
ハンサム①		名詞・形容動詞	帅

147

ギター①		名词	吉他
感動⓪	［かんどう］	名词・サ变动词	感动，打动
バイト⓪		名词	兼职
コンビニ⓪		名词	便利店
暇⓪	［ひま］	名词	空闲，余暇
店長①	［てんちょう］	名词	店长
また⓪		副词	而且，加之
好き②	［すき］	形容动词	喜欢，喜爱
専攻⓪	［せんこう］	名词	专业，专攻
文学①	［ぶんがく］	名词	文学
まだ①		副词	还，仍
怖い②	［こわい］	形容词	害怕，恐惧
感じる⓪	［かんじる］	一段动词	感觉
心配⓪	［しんぱい］	名词	担心，挂念
要る⓪	［いる］	五段动词	需要；必要
嫌い⓪	［きらい］	形容动词	讨厌，厌烦
ヨーロッパ		名词	欧洲

• コラム •

携帯電話のマナー

　日本の公共機関で携帯電話の通話には気をつける必要があります。新幹線・電車・バス内では、「マナーモード」に切り替え、通話は控えましょう。電車内の通話は、「マナー違反」と見なされ、乗客や周りの人に迷惑になります。

　電車やバスには、高齢者・妊婦・障害者等を配慮した「優先座席」があります。優先座席付近のスマホや携帯電話の利用について、「優先席付近では携帯電話の電源をお切りください」と案内されていました。最近のルール緩和により「混雑時には、優先座席付近では電源をお切りください」と案内されています。心臓ペースメーカー等の医療機器を使っている方へ配慮するためです。

　またスマートフォンや携帯電話の画面を見つめながらの歩行「歩きスマホ」は大変危険です。「歩きスマホ」はやめましょう。

　訪日する外国人観光客は、日本の公共機関では驚くほど静かだと言います。電車の乗車前に正しく列を作って並び、乗客が降りてから乗車すること、電車内の通話禁止について、日本では一般的なマナーとして知られています。公共の場所では、他人に迷惑にならないように気配りが必要です。

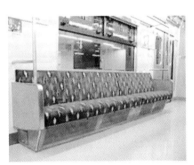

例：電車の優先座席

応用トレーニング-1
せいかい
正 解：

1. 静かではありません

2. が/は好き

3. 奈良は賑やかな町ではありません

4. 親切で明るい

応用トレーニング-4
せいかい
正 解：

1.（1）楊さんの学校は駅の近くにあります。

（2）吉田さんのクラスメートは親切でユーモアです。

（3）あの店の店長はどんな人ですか。

（4）李さんは昔の静かな音楽が好きです。

2.（1）A　　（2）A　　（3）B　　（4）A

3.略

4.お元気ですか、楽しい

第七課　休みの日は何をしますか

学習目的：

　　動作や行為が言える。動詞の敬体形を活用し、簡単なコミュニケーションをとるができる。

　　学会用日语表达动作行为等。能够活用动词敬体形式进行简单的交流。

学習項目：

(1) 動詞の分類	<动词的分类>
(2) 動詞の連用形1	<动词的连用形1>
(3) 「～ます」	<动词的敬体现在时肯定形式>
(4) 「～ません」	<动词的敬体现在时否定形式>
(5) 「～ました」	<动词的敬体过去时肯定形式>
(6) 「～ませんでした」	<动词的敬体过去时否定形式>

（場面：二人が新学期の時期について話す。）

李　　：夏休みはもうすぐ終わりますね。

遠藤：そうですね。早いですね。学校はいつ始まりますか。

李　　：九月一日に始まります。今日と明日は休みます。明後日から
　　　　学校が始まります。

遠藤：これから二年生ですね。

李　　：はい、そうです。

📖 説明

◇ 动词基本形都由动词的词干和词尾两部分构成。日语动词的词尾，即动词基本
形的最后一个假名都位于「う」段。日语动词在使用时，词尾往往会发生各种
活用形变化，但动词种类不同，其变化规则也不同。关于动词「ます」形（亦
称"动词连用形1"）的活用规则，具体如下：

动词分类	活用规则	动词基本型		动词「ます」形
一类动词[①] （五段動詞）	把基本形词尾假名变为 该行「イ」段假名。	話す	はなす	話します
		書く	かく	書きます
		急ぐ	いそぐ	急ぎます
		読む	よむ	読みます
		死ぬ	しぬ	死にます
		遊ぶ	あそぶ	遊びます
		待つ	まつ	待ちます
		売る	うる	売ります
		買う	かう	買います
二类动词[②] （一段動詞）	去掉基本形词尾最后一 个假名「る」。	食べる	たべる	食べます
		起きる	おきる	起きます

（续表）

动词分类	活用规则	动词基本型	动词「ます」形
三类动词③ （サ变・カ变動詞）	「サ变動詞」连用形是「し」；	する	します
		勉強する	勉強します
	「カ变動詞」连用形是「き」；	来る　　くる	来ます

注：有少量一类动词（五段動詞），从形态上看酷似二类动词（一段動詞），但实际上是一类动词。这些动词需作为特殊情况，按一类动词发生活用变化。如：「切る」「走る」「入る」「帰る」等。

①一类动词分类标准：词尾假名是「す、く、ぐ、う、つ、る、む、ぶ、ぬ」。

②二类动词分类标准：词尾假名是「る」，且「る」前面的假名在「い」段或「え」段上；值得注意的是，标准的二类动词最后两个假名都写在汉字外面。

③三类动词共有两种：一种是「する」或是「名詞＋する」的形式，第二种是「来る」。

✧ 动词的敬体现在时肯定形式是「～ます」，亦称作"动词「ます」形"或"动词连用形1"。用于叙述现在的习惯性动作、状态以及未来将要发生的事情。

✧ 「いつ＋～ますか」用于询问某动作或状态进行的时间。

　例：夏休みはいつ終わりますか。　暑假什么时候结束？

　　　試験はいつ始まりますか。　　什么时候开始考试？

✧ 「表示时间的名词＋格助词に」用于表示动作发生的具体时间，注意这里所说的"表示时间的名词"是指含有数字的时间名词，如「7時に、9月1日に、2019年」。不含数字的时间名词不用加「に」，如「今日、明日、毎日」。表示星期时，可用可不用。

✧ 助词「は」，除了用于"提示主题"以外，还可以表示强调对比的含义。如本课的「今日と明日は休みます。明後日から学校が始まります。」

単語：なつやすみ（夏休み）　　　　　暑假；

　　　もうすぐ　　　　　　　　　　　很快，马上；

　　　おわる（終わる）　　　　　　　结束；

　　　はやい（早い）　　　　　　　　快，早；

　　　はじまる（始まる）　　　　　　开始；

　　　やすむ（休む）　　　　　　　　休息；

◎ 基礎トレーニング

请根据下面的对话，在画线处写出日语译文，并反复朗读。

遠藤：暑假马上要结束了。

_____

李　：是呀，真快呀。学校什么时候开学?

_____

遠藤：9月1日开学。今天和明天休息。后天开始（上课）。

_____

李　：接下来就是二年级学生了吧。

_____

遠藤：对，是的。

_____

会話-2

（場面：二人が学校で勉強時間などについて話す。）

吉田：李さん、毎日授業の後、勉強しますか。

李　：はい、月曜日から金曜日まで、授業の後、勉強します。
　　　土日は勉強しません。

吉田：休みの日は何をしますか。

李　：休みの日は運動します。それから家事もします。

吉田：そうですか。李さんはとても充実していますね。

154

説明

✧ 动词的敬体现在时肯定形式是「〜ます」，用于叙述现在的习惯性动作、状态以及未来将要发生的事情。其否定形式是「〜ません」。

✧ 格助词「まで」表示时间或场所的终点，与「から」搭配使用，构成「〜から〜まで」，可译为"从……到……"。

単語：
まいにち（毎日）	毎日；
べんきょうする（勉強する）	学习；
どにち（土日）	周六和周日；
やすみ（休み）	休息，歇；
する	做，干，办，搞，打；
うんどうする（運動する）	运动；
かじ（家事）	家务活；
じゅうじつする（充実する）	充实；

◎ 基礎トレーニング

请根据下面的对话，在画线处写出日语译文，并反复朗读。

吉田：小李，你每天下课后在家还学习吗？

_____

李　：对，我周一到周五学习。周末不学习。

_____

吉田：休息的时候，你做什么呢？

_____

李　：休息日做运动。另外，还要做家务。

_____

吉田：是嘛，小李你过得真是充实呀。

_____

（場面：試験の前に二人は勉強のことについて話す。）

遠藤：今日の試験は難しかったですね。

李　：そうでしたね。昨夜徹夜で復習しました。

　　　でも、全然できませんでした。

遠藤：私は問題集をたくさんやりました。

李　：遠藤さんはよくできましたね。

遠藤：ええと、まあまあでした。

李　：私はこれから頑張ります。

説明

❖ 动词的敬体过去时肯定形式是「～ました」。用于叙述过去的动作或状态。

「徹夜で＋動詞」可译为"熬夜/通宵做某事"

　　例：徹夜でゲームをします。　　　　　　通宵打游戏。

　　　　昨夜徹夜で勉強しました。　　　　　昨天晚上熬夜学习了。

❖ 格助词「を」用于提示宾语，基本构成形式为「名詞＋を＋他動詞」。

　　例：問題集をやる　　　　　　　　　　做习题集

　　　　ご飯を食べる　　　　　　　　　　吃饭

　　　　日本語を勉強する　　　　　　　　学习日语

　　　　新聞を読む　　　　　　　　　　　看报纸

❖ 动词「やる」是「する」的俗语表达形式。

単語：　さくや（昨夜）　　　　　　　　　　昨天晚上；

　　　　てつや（徹夜）　　　　　　　　　　熬夜，通宵；

　　　　ふくしゅうする（復習する）　　　　复习；

　　　　もんだいしゅう（問題集）　　　　　习题集；

　　　　たくさん　　　　　　　　　　　　　很多，许多；

　　　　やる　　　　　　　　　　　　　　　做，干，搞；

　　　　できる　　　　　　　　　　　　　　做完，完成；

　　　　まあまあ　　　　　　　　　　　　　凑和，还算行，勉强；

◎　基礎トレーニング

请根据下面的对话，在画线处写出日语译文，并反复朗读。

遠藤：今天的考试真难呀。

_____

李　：是呀，我昨晚熬夜复习了。但是，效果一点都不好。

_____

遠藤：我也做了很多练习题。

_____

李　：远藤你考得很好吧。

_____

遠藤：嗯，还凑和吧。

_____

李　：我今后也要加油了。

_____

会話-4

（場面：学生同士の二人が昨日のことについて話す。）

矢野：李さん、昨日何をしましたか。

李　：昨日ですか。何もしませんでした。

　　　ベッドの上でゆっくりしました。矢野さんは？

矢野：お店へ最新のスマホを見に行きました。

李　：へえ。買いましたか。

矢野：いいえ、買いませんでした。

李　：とても高かったですね。

矢野：そうですね。

📖 説明

❖ 动词的敬体过去时肯定形式是「～ました」。用于叙述过去的动作或状态。其否定形式是「～ませんでした」。

❖ 「疑問詞＋も＋否定」表示全面否定。

　　例：何もしません。　　　　　　　　什么也不做。

　　　　教室にだれもいません。　　　　教室里一个人也没有。

　　　　箱の中に何もありません。　　　箱子里什么也没有。

❖ 「場所＋へ＋目的＋に行く」可译为"去某地做某事"。助词「へ」表示移动的方向。助词「に」表示移动行为的目的，前面接"三类动词词干"或"一类动词、二类动词的第一连用形"。

　　例：学校へ勉強に行きます。　　　　我去学校学习。

　　　　日本へ桜を見に行きます。　　　我去日本看樱花。

　　　　昨日図書館へ本を借りに行きました。我昨天去图书馆借书了。

単語：さいしん（最新）　　　　最新；

かう（買う）　　　　買；

◎ 基礎トレーニング

请根据下面的对话，在画线处写出日语译文，并反复朗读。

矢野：小李，你昨天干什么了？

_____

李　：昨天呀，什么也没干。就在床上待着了。矢野你呢？

_____

矢野：我去商店看了最新的智能手机。

_____

李　：是吗？买了吗？

_____

矢野：没有，没买。

_____

李　：很贵吧？

_____

矢野：是呀。

_____

159

かい わ
会話-5

（場面：夏休みから帰った二人が宿題のことについて話す。）

田中：劉さん、夏休みの宿題をしましたか。

劉 ：あっ、しまった！忘れました。

田中：全然しませんでしたか。

劉 ：夏休みはスペインへ旅行に行きました。

　　　毎日本当に楽しかったです。

　　　あー、宿題は全然しませんでした。

田中：それは大変ですね。

📖 説明

✧ 动词敬体形活用总结如下：

动词敬体形	肯定	否定
非过去形式 （现在、将来）	動詞連用形１＋ます	動詞連用形１＋ません
过去形式	動詞連用形１＋ました	動詞連用形１＋ませんでした

単語：しゅくだい（宿題）　　　　　　作业；

　　　しまった　　　　　　　　　　糟糕；

　　　わすれる（忘れる）　　　　　忘记；

　　　スペイン　　　　　　　　　　西班牙；

160

◎ 基礎トレーニング

请根据下面的对话，在画线处写出日语译文，并反复朗读。

田中：小刘，暑假作业做了吗？

_____

劉 ：啊，糟了！忘了。

_____

田中：一点也没做吗？

_____

劉 ：暑假去西班牙旅行了。每天过得真是太开心了。啊，完全没做作业。

_____

田中：不妙呀。

_____

会話-6

（場面：学生同士の二人が遅刻のことについて話す。）

田中：李さん、今朝遅刻しましたね。

李　：昨夜遅くまで勉強しました。だから、今朝寝坊しました。

田中：何時に起きましたか。

李　：8時に起きました。朝ご飯は何も食べませんでしたよ。

田中：それは大変でしたね。いつもは何時に起きますか。

李　：いつもは7時に起きます。これから絶対に寝坊しません。

単語：	けさ（今朝）	今早；
	ちこくする（遅刻する）	迟到；
	おそい（遅い）	晚，深夜；
	ねぼうする（寝坊する）	睡懒觉，睡过头；
	あさごはん（朝ご飯）	早饭；
	ぜったい（絶対）	绝对，无论如何；

◎ 基礎(きそ)トレーニング

请根据下面的对话，在画线处写出日语译文，并反复朗读。

田中(たなか)：小李，今早迟到了呀。

_____

李(り)：昨晚熬夜学习。所以，今天早晨睡过头了。

_____

田中(たなか)：几点起来的?

_____

李(り)：八点起的。早饭什么也没吃。

_____

劉(りゅう)：真是不容易呀。平时是几点起床?

_____

田中(たなか)：平时七点起床。今后一定不会再睡懒觉了。

_____

◎ 応用(おうよう)トレーニング-1

请在括号内填入合适的内容。

1. A：昨日、日本語を勉強しましたか。

   B：いいえ、（　　　　　　　　　　　）。

2. A：明日休みますか。それとも学校へ行きますか。

   B：明日（　　　　　　）。学校へ行きます。

3. A：毎日運動しますか。

   B：ええ。毎日の夜8時（　　）9時（　　　　　　　　）。

4. A：日本へ何をしに行きますか。

   B：日本へ桜を（　　　　　　　　　　　）。

162

◎ 応用トレーニング-2

请自由回答下列问题。

1. 昨夜、何をしましたか。（ゲーム、宿題、スポーツ、運動、外食など）

2. いつも何時に朝ご飯を食べますか。

3. 今朝寝坊しましたか。

4. 何時から何時まで日本語の授業がありますか。

5. 明日図書館へ勉強に行きますか。

6. 今週末は何をしますか。

　（テニス、旅行に行く、買い物に行く、勉強するなど）

◎ 応用トレーニング-3

1.请介绍一下休息日的时候所做的事情，并在卡片上标示相关信息。

2.请根据卡片上的信息，询问身边朋友休息日做什么。

私の一日

朝_____に起きます。_____に朝ご飯を_____。

_____に_____へ_____に行きます。

それから、_____。

午後_____で_____。夜_____に寝ます。

その他：_____

163

┌─────────────────────────┐
│ **单词提示** │
└─────────────────────────┘

場所：家、学校、食堂、図書館、会社、本屋、公園、コンビニ、映画館、運動場

動詞：日本語を勉強する／復習する、宿題をする／やる、昼ごはん／日本料理を食べる、テレビ／映画を見る、ゲーム／バイトをする、本を買う／借りる、ゆっくりする、休む、食べ物／飲み物を買う、本／漫画を読む、ジョギング／運動をする

◎ 応用トレーニング-4

1. 次の単語を文に直しなさい。（※動詞の活用が要ります）

(1) 夏休み／もうすぐ／は／終わる／ます

　　→ ＿＿＿＿＿＿＿＿＿＿＿＿＿＿＿＿＿＿＿＿＿

(2) 月曜日／金曜日／勉強する／から／まで／ます

　　→ ＿＿＿＿＿＿＿＿＿＿＿＿＿＿＿＿＿＿＿＿＿

(3) 私／問題集／は／を／たくさん／やる／ました

　　→ ＿＿＿＿＿＿＿＿＿＿＿＿＿＿＿＿＿＿＿＿＿

(4) お店／最新／スマホ／を／へ／の／行く／見に／ます

　　→ ＿＿＿＿＿＿＿＿＿＿＿＿＿＿＿＿＿＿＿＿＿

2. 正しい答えを選びなさい。

(1) 李：夏休みは日本へ旅行に行きました。

　　王：＿＿＿＿＿＿＿＿＿＿＿＿＿＿＿＿＿＿＿＿。

　　（A. それは良かったです。　　　　B. それは危なかったです。）

(2) 楊：昨日徹夜で何をしましたか。

　　林：＿＿＿＿＿＿＿＿＿＿＿＿＿＿＿＿＿＿＿＿。

　　（A. ゲームをしました。　　　　B. 寝坊しました。　　　）

(3) 田中：学校はいつ始まりますか。

鈴木：＿＿＿＿＿＿＿＿＿＿＿＿＿＿＿＿＿＿＿＿＿＿。

（A. 今日から休みます。　　　　　　B. 明後日から始まります。）

(4) 陳：休みの日はいつも何をしますか。

王：＿＿＿＿＿＿＿＿＿＿＿＿＿＿＿＿＿＿＿＿＿＿。

（A. 運動をします。　　　　　B. 運動をしました。　　　　）

3. 以下の空欄に「ます」の活用形を書き入れなさい。

基本形	敬体现在时肯定	敬体现在时否定	敬体过去时肯定	敬体过去时否定
遊ぶ				
買う				
書く				
飲む				
起きる				
食べる				
する				
来る				

新出単語

夏休み③	［なつやすみ］	名词	暑假
もうすぐ		副词	很快，马上
終わる⓪	［おわる］	自五	结束
早い②	［はやい］	形容词	快，早
始まる⓪	［はじまる］	自五	开始
休む②	［やすむ］	自五	休息
毎日①	［まいにち］	名词	每日
勉強する⓪	［べんきょうする］	自他サ	学习
土日⓪	［どにち］	名词	周六和周日
休み③	［やすみ］	名词	休息，歇
する⓪		サ变动词	做，干，办，搞，打
運動する⓪	［うんどうする］	自サ	运动
家事①	［かじ］	名词	家务活
充実する⓪	［じゅうじつ］	自サ	充实
昨夜②	［さくや］	名词	昨天晚上
徹夜⓪	［てつや］	名词	熬夜，通宵
復習する⓪	［ふくしゅうする］	他サ	复习
問題集③	［もんだいしゅう］	名词	习题集
たくさん③		副词	很多，许多
やる⓪		他五	做，干，搞
できる②		自一	做完，完成
まあまあ①③		形容动词・副词	凑和，还算行，勉强
最新⓪	［さいしん］	名词	最新
買う⓪	［かう］	他五	买
宿題⓪	［しゅくだい］	名词	作业
しまった②		感叹词	糟糕
忘れる⓪	［わすれる］	他一	忘记
スペイン		名词	西班牙
今朝①	［けさ］	名词	今早
遅刻する⓪	［ちこくする］	自サ	迟到
遅い⓪②	［おそい］	形容词	晚，深夜
寝坊する⓪	［ねぼうする］	自サ	睡懒觉，睡过头
朝ご飯③	［あさごはん］	名词	早饭
絶対⓪	［ぜったい］	副词・名词・形容动词	绝对，无论如何
外食⓪	［がいしょく］	名词・自サ	在外就餐

コラム

日本のコンビニ

　コンビニエンスストア、通称コンビニは、日本中の街中に存在するとても便利なお店です。通常は２４時間営業で、食料品だけでなく、日用品、雑誌の販売、チケット予約、コピー機やATMの利用、公共料金の支払い、宅急便の配送・受け取りなど、幅広いサービスを扱います。日本の３大コンビニと言えば、「セブンイレブン」、「ローソン」、「ファミリーマート」で、それぞれ独自の弁当、おにぎり、サンドイッチ、パン、インスタントラーメン、デザート、淹れ立てコーヒーなど豊富な種類の食品が販売されています。またイートインコーナーで飲食も可能です。多くのコンビニでは、トイレの利用も可能です。コンビニは、日本人の生活に便利さをもたらし、訪日観光客にとっても便利で有難い存在と言えるでしょう。

　最近、コンビニ業界の人手不足により、学生や留学生のアルバイト店員を積極的に採用しています。留学生にとって、コンビニのアルバイトは人気職種の一つです。今後、コンビニ業界の人手不足の解決のため、人材確保、サービスの縮小、レジの無人化などが課題となっています。

167

日语口语教程

応用トレーニング-1
せいかい
正 解:

1. 勉強しませんでした
2. 休みません
3. から、まで運動します
4. 見に行きます

応用トレーニング-4
せいかい
正 解:

1. (1) 夏休みはもうすぐ終わります。
　 (2) 月曜日から金曜日まで勉強します。
　　　 /金曜日から月曜日まで勉強します。
　 (3) 私は問題集をたくさんやりました。
　 (4) お店へ最新のスマホを見に行きました。
2. (1) A　　　(2) A　　　(3) B　　　(4) B
3. 略

第八課　鈴木さんは小説を読んでいます

学習目的：

動詞の活用形を活用し、簡単な動作や行動を表現することができる。

通过利用动词的活用形，能够表达简单的动作或行为。

学習項目：

(1) 動詞の連用形2　　　　　　　　　<动词的连用形2>
(2) 動詞連用形の変化　　　　　　　　<动词连用形的变化>
(3) 関連する文型

「〜ています」　　　「〜ていません」　　　「〜ていました」

「〜てください」　　　「〜てから」　　　「〜てみる」

169

【登 場 人物：李さんと留学生の鈴木さん】

（場面：二人が 教室で話をする。）

李 　：鈴木さん、何をしていますか。

鈴木：小説を読んでいます。

李 　：どんな小説ですか。

鈴木：恋愛小説です。

李 　：面白いですか。

鈴木：はい、とても面白いです。

李 　：どの作家の作品ですか。

鈴木：村上春樹の『ノルウェイの森』です。

李 　：そうですか。それはたいへん有名な作品ですね。私は去年読

　　　みました。

鈴木：えっ？日本語版ですか。

李 　：いいえ、日本語版ではなく、中国語版です。

鈴木：李さんも村上さんの作品が好きですか。

李 　：はい、何回もこの作品を読みましたが、毎回読むたびに感動

　　　します。

📖 説明

◇ 在日语中表示某种动作或行为时要通过动词及动词的活用形后续一些句型来表
　　示。例如，通过「～ています」的形式表示动作的正在进行；通过「～てくだ
　　さい」的形式表示请求和命令；通过「～た」的形式表示简体的过去时态。在

日语的表达形式中接续连用形的句型有很多，而且动词的连用形涉及很多的变形形式，是日语学习的重点，也是一个难点。关于动词「て」形（亦称"动词连用形2"）的活用规则，具体如下：

动词分类	活用规则	动词基本型		动词「て」形
一类动词 （五段動詞）	「イ」音便	書く	かく	書いて
		急ぐ	いそぐ	急いで
	拨音便	読む	よむ	読んで
		死ぬ	しぬ	死んで
		遊ぶ	あそぶ	遊んで
	促音便	待つ	まつ	待って
		売る	うる	売って
		買う	かう	買って
二类动词 （一段動詞）	去掉基本形词尾最后一个假名「る」。	食べる	たべる	食べて
		起きる	おきる	起きて
三类动词 （サ変・カ変動詞）	「サ変動詞」连用形是「し」；	する		して
		勉強する		勉強して
	「カ変動詞」连用形是「き」；	来る	くる	来て

◇ 一类动词（五段動詞）的变形规则比较复杂，根据词尾不同要发生"音便"，二类动词（一段動詞）和三类动词（サ変・カ変動詞）的「て」形（动词连用形2）的活用形与其"连用形1"相同，具体如下列表。

动词类型	连用形2
一类动词 （五段動詞）	3个音便，2个例外
二类动词 （一段動詞）	同连用形1
三类动词 （サ変・カ変動詞）	

◇ 关于一类动词（五段動詞）的「て」形（动词连用形2）的变形规则，总结如下：

音便类型	词例	规则
促音便	あらう→あらって	う、つ、る⇒っ+て（或た）
	たつ→たって	
	のる→のって	
「イ」音便	かく→かいて	く⇒い+て（或た）
	およぐ→およいで	ぐ⇒い+で（或だ）
拨音便	あそぶ→あそんで	ぶ、む、ぬ⇒ん+で（或だ）
	よむ→よんで	
	しぬ→しんで	
2个例外	はなす→はなして	同连用形1
	いく→いって	促音便

❖ 动词的连用形2后续「～ています」（简体「～ている」），表示动作正在进行。

　　例：林さんは今、教室で勉強しています。　　　　　　　小林正在教室学习。

　　　　木村さんは、運動場でジョギングをしています。　　木村正在操场跑步。

❖ 「を」是助词，表示动作所涉及的宾语，日语中常以「宾语+を+动词」的顺序表示动作。

　　例：ご飯を食べる　　音楽を聞く　　小説を読む

❖ 「で」作为助词，可表示方式、方法、手段。

❖ 「AではなくBです」句型表示否定前者，肯定后者，译为"不是A，而是B"。

❖ 「何回も」中的「も」起强调作用，表示次数很多。

❖ 「～たびに」可接在名词或动词之后，表示"每当，每逢"之意。

❖ 「感動される」由サ变动词「感動する+れる」构成，形成了日语被动态，表示"被感动"之意。

単語：しょうせつ（小説）　　　　　　小说；

よむ（読む）　　　　　　　　読，阅读；

れんあい（恋愛）　　　　　　恋爱；

さくひん（作品）　　　　　　作品；

ノルウェイ　　　　　　　　　挪威；

もり（森）　　　　　　　　　森林；

ばん（版）　　　　　　　　　版，版本；

◎ 基礎トレーニング

请根据下面的对话，在画线处写出日语译文，并反复朗读。

李　：铃木，你在做什么？

_____

鈴木：我在看小说。

_____

李　：在看什么小说？

_____

鈴木：恋爱小说。

_____

李　：小说内容有趣吗？

_____

鈴木：是的，很有趣。

_____

李　：你读的是哪位作家的作品呢？

_____

鈴木：是村上春树的《挪威的森林》。

_____

李　：是吗？那可是很有名的作品。我去年读过。

_____

鈴木：噢？你读的是日文版吗？

_____

李　：不，不是日文版，是中文版。

_____

鈴木：小李，你也喜欢村上先生的作品吗？

_____

李　：是的。这本小说，我读过很多次，每次我都被感动了。

_____

会話-2

【登場人物：李さんと留学生の鈴木さん】

（場面：李さんと鈴木さんが運動場で出会う。）

鈴木：李さん、毎日体を鍛えていますか。

李　：はい、毎日ジョギングをしています。鈴木さんは？

鈴木：私は、毎日プールで泳いでいます。

李　：今日は、泳ぎましたか。

鈴木：いいえ、まだ泳いでいません。これから行きますが、李さん
　　　も一緒に行きませんか。

李　：今日は約束がありまして、本当にすみません。

鈴木：そうですか。じゃ、また今度にしましょうか。

李　：ええ、今度ぜひ行きましょう。

📖 説明

◇ 动词的连用形2后续「～ています」（简体「～ている」），还可以表示动作的
　　反复进行。

　　例：私は毎日体を鍛えています。　　　　我每天都锻炼身体。

田中さんはいつも第二食堂でご飯を食べています。

田中总是在第二食堂吃饭。

✧ 「で」是助词，表示动作进行的场所，日语中常以「场所+で+动词」的顺序表示在某地进行某动作。

例：教室で勉強する；　デパートで買い物する；　部屋で休む；

✧ 「～ていません」是「～ています」的否定形式，表示"尚未做某事"。

例：部屋を掃除していません。　　　　　还未打扫房间。

宿題を書いていません。　　　　　还没有写作业。

✧ 「これから」表示"从现在起；今后"之意。

✧ 「～ましょう」是「～ます」的推量形，可表示劝诱或邀请等。

✧ 「ぜひ」作为副词，表示"一定；务必；无论如何"之意。

例：ぜひほしい。　　　　　　　非要不可；一定要。

ぜひ伺います。　　　　　　　一定去拜访。

単語：からだ（体）　　　　　　身体；

きたえる（鍛える）　　　　锻炼；

ジョギングする　　　　　　慢跑，跑步；

プール　　　　　　　　　　游泳池；

およぐ（泳ぐ）　　　　　　游泳；

やくそく（約束）　　　　　约会；

ぜひ　　　　　　　　　　　一定，务必；

◎ 基礎トレーニング

请根据下面的对话，在画线处写出日语译文，并反复朗读。

鈴木：小李，你每天都锻炼身体吗?

_____

李 ：是的，我每天都跑步。你呢?

_____

175

鈴木^{すずき}：我每天在游泳池游泳。

_____

李^り　：今天你游了吗？

_____

木村^{きむら}：还没有。我现在就去。小李，你也一起去吗？

_____

李^り　：我今天有事，去不了。非常抱歉。

_____

鈴木^{すずき}：是嘛。那么，下次一起去吧。

_____

李^り　：好的，下次咱们一定一起去。

_____

会話-3

【登場人物：李さんと留学生の鈴木さん】

（場面：李さんと鈴木さんが運動場で出会う。）

鈴木：李さん、この週末何をしましたか。

李　：ずっと図書館で勉強していました。

　　　明後日、テストがありますから。

鈴木：そうですか。それは大変でしたね。

李　：でも、日本語の文法をたくさん身に付けました。

鈴木：それはよかったですね。

📖 説明

✧ 动词的连用形2后续「～ていました」（简体「～ていた」），表示在过去的一段时间一直持续进行某个动作。

　　例：私は去年まで英語を勉強していました。我到去年为止一直在学习英语。

　　　　木村さんは朝まで仕事をしていました。木村一直工作到早上。

✧ 「から」是助词，表示原因。

　　例：明日は休みですから、買い物に出掛けます。明天休息，所以出门购物。

　　　　頭が痛いですから、先に帰ります。　　头痛，所以我先回家了。

✧ 「身に付ける」是一个词组，常以「～を身に付ける」的形式表示掌握知识或技能的意思。

　　例：日本語を身に付ける。　　　　　　　　掌握日语。

　　　　新しい技術を身に付ける。　　　　　　掌握新技术。

✧ 「それはよかったですね。」用于对对方所做的行为进行评价，可译为"那太好了！"。

単語：ずっと	一直；
あさって（明後日）	后天；
テスト	考试，测验；
ぶんぽう（文法）	语法；
みにつける（身に付ける）	掌握；
よかった	太好了；
あたま（頭）	头；
いたい（痛い）	疼，痛；
さきに（先に）	先；
かえる（帰る）	回家；
ぎじゅつ（技術）	技术；

◎ 基礎トレーニング

请根据下面的对话，在画线处写出日语译文，并反复朗读。

鈴木：小李，这个周末做什么了？

_____

李 ：我一直在图书馆学习。因为后天有考试。

_____

鈴木：是吗？那可够辛苦的。

_____

李 ：不过，我掌握了很多日语的语法。

_____

鈴木：那太好了！

_____

かいわ
会話-4

（場面：李さんと木村さんが散歩の時に、張さんを見かける。）

木村：李さん、あそこに立っている人は張さんでしょう。

李　　：はい、クラスメートの張さんです。

　　　　多分、彼女を待っていると思います。

木村：ええっ、彼女がいるんですか。

李　　：はい、彼女は英語学部の一年生です。

木村：そうですか。羨ましいですね。

📖　**説明**

◇ 某些动词（例如瞬间动词、可能动词、表示性质状态的动词等）的连用形2接续
「～ている」后可以表示状态的存续。

例：趙さんは上海へ出張に行っている。　　　小赵去上海出差了。

　　李さんはいつもメガネをかけていますね。　小李总是戴着眼镜。

　　最近疲れています。　　　　　　　　　　最近总是很疲惫。

◇ 「～と思う」表示第一人称的看法、想法，可译为"我想……、我认为……"。

例：東北のほうが涼しいと思います。　　　　我觉得东北比较凉快。

　　先生も疲れていると思います。　　　　　我觉得老师也很累。

単語：たつ（立つ）	站立；
たぶん（多分）	大概；
かのじょ（彼女）	她，女朋友；
えいごがくぶ（英語学部）	英语系；
うらやましい（羨ましい）	羡慕，令人羡慕；

◎ 基礎トレーニング

请根据下面的对话，在画线处写出日语译文，并反复朗读。

木村：小李，站在那边的人是小张吧？

_____

李　：是的，是我的同班同学小张。我想他在等他的女朋友。

_____

木村：他有女朋友了？

_____

李　：是的，是英语系一年级的。

_____

木村：是嘛。好羡慕啊！

_____

（場面：木村さんが万里の長城から帰ってきて李さんに出会う。）

木村：ああ、疲れた。

李　：今日どこへ行きましたか。

木村：万里の長城へ行きました。

李　：万里の長城は初めてですか。どうでしたか。

木村：初めて行きました。疲れたけど、その雄大さに感動しました。

李　：北京に来てからいろいろな名所旧跡に行きましたね。

木村：そうですね。次は天壇公園へ行ってみたいですね。

　　　李さん、一緒に行きませんか。

李　：はい、ぜひ誘ってください。

📖 **説明**

❖ 动词的连用形2接续「〜てから」表示"自从……之后"。

　　例：毎朝、起きてから歯を磨きます。　　每天早上起床之后刷牙。

　　　　ご飯を食べてから散歩に行きます。　吃完饭以后去散步。

❖ 动词的连用形2接续「〜てみる」表示尝试做某事。

　　例：やってみる。　　　　　　　　　　试着做。

　　　　食べてみる。　　　　　　　　　　尝尝。

❖ 动词的连用形2接续「〜てください」表示请求、命令。

　　例：ゆっくり休んでください。　　　　请好好休息。

　　　　自分でやってみてください。　　　请自己试着做一做。

❖ 「雄大さ」由「雄大」和「さ」两部分组合构成，表示宏伟的程度。「さ」可接在部分形容词或形容动词的词干之后，使之转化为名词。常用在表示大小、面积、重量等方面，如「大きさ、広さ、重さ」等。

単語：ばんりのちょうじょう（万里の長城）　万里长城；

ゆうだい（雄大）　雄伟；

めいしょきゅうせき（名所旧跡）　名胜古迹；

てんだんこうえん（天壇公園）　天坛公园；

ぜひ　一定；

さそう（誘う）　劝诱，邀请；

◎ 基礎トレーニング

请根据下面的对话，在画线处写出日语译文，并反复朗读。

木村：啊，真累啊！

_____

李 ：你今天去哪儿了？

_____

木村：去了长城。

_____

李 ：是第一次去长城吗？怎么样？

_____

木村：是第一次去。虽然有点儿累，但是看到它的雄伟，我非常感动。

_____

李 ：你来中国以后去了不少名胜古迹啊！

_____

木村：是的。下次想去天坛看看。一起去吗？

_____

李 ：好的，请一定叫上我。

_____

会話-6

（場面：木村さんと李さんが帰り道で話します。）

木村：今日は天壇公園を見物して、とてもいい勉強になりました。

李：建築や歴史などいろいろな知識を身に付けました。

木村：やはり李さんと一緒に行って、楽しかったですね。

李：私もとても楽しかったです。

木村：次もまた一緒にどこかへ行きましょう。

李：じゃ、今から計画を立てましょう。

説明

✧ 动词的连用形2接续「～て」放在句中可以表示中间停顿或先后顺序。

　　例：朝、起きて歯を磨いて、食堂へ行きます。

　　　　早上起床之后刷牙，然后去食堂。

　　　　そのことを聞いてびっくりしました。

　　　　听到那个消息很是吃惊。

✧ 动词的连用形1接续「～ましょう」表示劝诱。

　　例：さあ、食べましょう。　　　　来，吃吧。

　　　　では、始めましょう。　　　　那么，开始吧。

✧ 疑问代词接续「か」表示不确定。

　　例：誰かいますか。　　　　　　有人在吗？

　　　　何か食べましょう。　　　　吃点儿东西吧。

単語：けんぶつする（見物する）　　　　参观游览；

　　　べんきょうになる（勉強になる）　　受益匪浅；

　　　けんちく（建築）　　　　　　　　　建筑；

　　　れきし（歴史）　　　　　　　　　　历史；

　　　ちしき（知識）　　　　　　　　　　知识；

　　　やはり　　　　　　　　　　　　　　还是；

　　　けいかく（計画）　　　　　　　　　计划；

　　　たてる（立てる）　　　　　　　　　制定（计划）；

◎ 基礎トレーニング

请根据下面的对话，在画线处写出日语译文，并反复朗读。

木村：今天在天坛参观游览，真是受益匪浅。

_____

李　：我也学到了很多关于建筑和历史的知识。

_____

木村：还是和你一起去开心啊！

_____

李　：我也很开心。

_____

木村：下次再一起去哪儿转转吧！

_____

李　：那么，咱们现在就制定计划吧！

_____

◎ 応用トレーニング-1

请在括号里填入合适的内容。

1. A：毎日、日本語を勉強していますか。

　 B：はい、毎日（　　　　　　　　　　　　　）。

184

2. A：李さんは今小説を読んでいますか。

　　B：いいえ、（　　　　　　　　）。

3. A：来週も一緒に出掛けませんか。

　　B：はい、一緒に（　　　　　　　　　）。

4. A：いつも手を洗ってからご飯を食べていますか。

　　B：はい、いつも（　　　　　　　　　　　）。

◎ 応用トレーニング-2

请自由回答下列问题。

1. クラスメートは今何をしていますか。

2. 週末はいつもどう過ごしていますか。

3. クラスにメガネを掛けている人は何人いますか。

4. 授業が終わってから何をしますか。

5. 毎日図書館へ行っていますか。

◎ 応用トレーニング-3

1. 次の単語を文に直しなさい。

(1) 小説／は／中国／田中さん／を／の／読んで／います

　　→ _____

(2) 運動場／毎日／ジョギング／楊さん／は／を／で／しています

　　→ _____

(3) 日本語／身／文法／に／を／の／たくさん／つけました

　　→ _____

(4) 北京／来て／伊藤さん／から／に／は／いろいろな／名所旧跡／行きました

　　→ _____

2. 正しい答えを選びなさい。

(1) 山口：李さん、今週末は何をしましたか。

　　李　：ずっと図書館で_____。

　　(A. 勉強をします　　　　　　　　　B. 勉強していました　　　　　)

(2) 李　：万里の長城は初めてですか。

　　鈴木：はい、_____。

　　(A. はじめて来ました　　　　　　　B. 田中さんと一緒に来ました)

(3) 徐　：今日は泳ぎましたか。

　　鈴木：いいえ、まだ_____。

　　(A. 泳いでいません　　　　　　　　B. 泳ぎました　　　　　　　　)

(4) 楊：どんな小説ですか。

　　王：_____。

　　(A. 美しい小説です。　　　　　　　B. 面白い小説です　　　　　　)

3. 「～ています」の形に直しなさい。

番号	簡体	「～ています」
1	李さんは新聞を読む	
2	旅行の計画を立てる	
3	伊藤さんは恋愛する	
4	王さんは見物する	

4. 以下の会話文を完成しなさい。

（場面：週末について話す。）

徐　：田中さん、週末どうでしたか。

田中：ああ、たいへん（　　　　）［疲れる］ました。

徐　：そうでしたか。どこかへ（　　　　　）［出かける］ましたか。

田中：故宮博物院へ（　　　　　）［行く］て（　　　　　）［くる］ました。

徐　：そこへは初めてですか。

田中：ええ、初めてです。故宮は本当に広いですね。

徐　：そうでしょう。以前、私が（　　　）［行く］た時も（　　　）［疲れ
　　　る］ましたよ。

田中：でも、伝統的な建築様式や文化、歴史などが見物できて、本当に良い勉
　　　強になりました。

徐　：よかったですね。

新出単語

小説⓪	[しょうせつ]	名词	小说
読む①	[よむ]	他五	读，阅读
恋愛⓪	[れんあい]	名词	恋爱
作品⓪	[さくひん]	名词	作品
ノルウェイ		名词	挪威
森⓪	[もり]	名词	森林
版①	[ばん]	名词	版，版本
体⓪	[からだ]	名词	身体
鍛える③	[きたえる]	他下一	锻炼
ジョギングする⓪		自サ	慢跑，跑步
プール①		名词	游泳池
泳ぐ②	[およぐ]	自五	游泳
約束⓪	[やくそく]	名词	约会
是非①	[ぜひ]	副词	一定，务必
ずっと⓪		副词	一直
明後日②	[あさって]	名词	后天
テスト①		名词	考试，测验
文法⓪	[ぶんぽう]	名词	语法
身に付ける	[みにつける]	短语	掌握
よかった		短语	太好了
頭③②	[あたま]	名词	头
痛い②	[いたい]	形容词	疼，痛
先に①⓪	[さきに]	副词	先
帰る①	[かえる]	自五	回家
技術①	[ぎじゅつ]	名词	技术
立つ①	[たつ]	自五	站立
多分①	[たぶん]	副词	大概
彼女①	[かのじょ]	代词	她，女朋友
英語学部④	[えいごがくぶ]	名词	英语系
羨ましい⑤	[うらやましい]	形容词	羡慕，令人羡慕
万里の長城	[ばんりのちょうじょう]	名词	万里长城

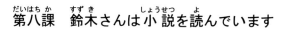

雄大⓪	［ゆうだい］	名词・形容动词	雄伟
名所旧跡⑤	［めいしょきゅうせき］	名词	名胜古迹
天壇公園⑤	［てんだんこうえん］	名词	天坛公园
ぜひ①		副词	一定
誘う⓪	［さそう］	他五	劝诱，邀请
見物する	［けんぶつする］	他サ	参观游览
勉強になる	［べんきょうになる］	短语	受益匪浅
建築⓪	［けんちく］	名词	建筑
歴史⓪	［れきし］	名词	历史
知識①	［ちしき］	名词	知识
やはり②		副词	还是
計画⓪	［けいかく］	名词	计划
立てる②	［たてる］	他下一	制定（计划）
伝統⓪	［でんとう］	名词・形容动词	传统

コラム

日本の百貨店

　百貨店は、英語の「department store」から「デパート」とも呼ばれます。日本全国各地に支店がある老舗ブランドの百貨店から、地域に根強い人気がある地元の百貨店まで幅広くあります。百貨店の店員は、よく教育され、客に対するサービスに定評があります。日本の百貨店のインフォメーションセンター、案内係、エレベーターには、オリジナルの制服を着て、丁寧に接客する係員がいます。海外からの観光客は、お辞儀をして笑顔でもてなす百貨店の接客姿を見て、大変驚きます。

　年2回、7月と1月に夏と冬のセール（バーゲン）が開催されます。食料品以外、日用品、服飾洋品等がセールの対象となります。この時期は商品を買い求める客で混み合い、賑やかになります。また新年の元旦を迎え、「福袋」を各店舗で用意し、お買い得な買い物が楽しめます。プレゼント用に商品を購入する場合、有料もしくは無料で包装サービスがあります。

　百貨店で人気の「デパ地下」と呼ばれる食料品売り場は、いつも大勢の人で賑わっています。日本各地の特産品、お弁当、パン、お惣菜、スイーツなどが販売されています。「お中元」「お歳暮」の時期には、贈物用のセットを購入し、配送するサービスもあります。一度、日本の百貨店に立ち寄ってみると様々な発見があることでしょう。

百貨店の店員

応用トレーニング-1
正解：

1. 勉強しています

2. 読んでいません

3. 出掛けましょう

4. 手を洗ってからご飯を食べています

応用トレーニング-4
正解：

1. (1) 田中さんは中国の小説を読んでいます。

　(2) 楊さんは運動場で毎日ジョギングをしています。

　(3) 日本語の文法をたくさん身に付けました。

　(4) 伊藤さんは北京に来てからいろいろな名所旧跡に行きました。

2. (1) B　　(2) A　　(3) A　　(4) B

3. (1) 李さんは新聞を読んでいます

　(2) 旅行の計画を立てています

　(3) 伊藤さんは恋愛しています

　(4) 王さんは見物しています

4. 疲れ、出かけ、行っ、き、行っ、疲れ

第九課　北京ダックを食べたことがありますか

学習目的：

動詞の活用形を活用し、簡単な動作や行動を表現することができる。

通过利用动词的活用形，能够表达简单的动作或行为。

学習項目：

(1)	助動詞「～た」	＜助动词「～た」＞
(2)	関連する文型：	＜相关句型＞
	「～たことがあります」	
	「～たことが（は）ありません」	
(3)	用言及び助動詞の終止形	＜用言及助动词的终止形＞
(4)	敬体と簡体	＜敬体与简体＞
(5)	動詞の未然形	＜动词的未然形＞

会話-1

（場面：張さんと吉田さんが教室で北京のことについて話しています。）

張　：吉田さんは北京に来てからもうすぐ半年ですね。

吉田：そうですね。月日が経つのは本当に早いですね。

張　：北京の名所旧跡をいろいろ見て回りましたか。

吉田：はい、万里の長城、故宮、天壇公園などを見物しました。

張　：北京ダックを食べたことがありますか。

吉田：いいえ、まだ食べたことはありません。おいしい店がありますか。

張　：王府井には北京ダックの老舗がありますが、今週末一緒に行ってみましょうか。

吉田：ぜひ、案内してください。

📖 **説明**

◇ 动词的连用形 2 后续助动词「～た」，表示简体形式的过去时态。

　　例：今朝、朗読の練習をした。　　　　　　　今天早上做了朗読练习。

　　　　朝ご飯を食べてすぐ学校に行った。　　吃完早饭马上就去学校了。

◇ 动词的连用形 2 后续「～たことがあります」，表示曾经做过某事，可译为"……过……"。

　　例：日本へ行った<u>ことがあります</u>。　　　　我去过日本。

　　　　あの映画を見た<u>ことがあります</u>。　　　我看过那部电影。

❖ 动词的连用形 2 后续「～たことが（は）ありません」，表示未曾做过某事，可译为"没……过……"

例：まだ新幹線に乗ったことがありません。　　我还没有坐过新干线。

海で泳いだことがありません。　　我没有在海里游过泳。

単語：はんとし（半年）　　　　半年；

つきひ（月日）　　　　　　時間，时光；

たつ（経つ）　　　　　　　流逝，过去；

こきゅう（故宮）　　　　　故宫；

ペキンダック（北京ダック）　北京烤鸭；

ワンフーチン（王府井）　　王府井；

しにせ（老舗）　　　　　　老字号；

あんないする（案内する）　陪同，向导；

◎ 基礎トレーニング

请根据下面的对话，在画线处写出日语译文，并反复朗读。

張：吉田，你来中国快半年了吧？

_____

吉田：是啊，时间过得真快！

_____

張：去北京的名胜古迹看了看吗？

_____

吉田：去了长城、故宫、天坛等名胜古迹。

_____

張：吃过北京烤鸭了吗？

_____

吉田：还没有吃过。有没有好吃的店推荐？

_____

張：王府井有一个北京烤鸭的老字号，这个周末一起去吧！

吉田：好，请一定带我去。

会話-2

（場面： 吉田さんと張さんが留学のことについて話しています。）

吉田：張さんは日本へ行ったことがありますか。

張　：いいえ、行ったことがありません。

吉田：日本語を勉強しているから、一度行ったほうがいいですよ。

張　：そうですね。最初はどの町へ行ったほうがいいですか。

吉田：京都がいいと思います。

張　：京都はどんな町ですか。

吉田：日本の古い都で、名所旧跡がたくさんあります。

張　：ぜひ行ってみたいですね。

📖 説明

❖ 助词「から」除了可以表示空间或时间的起点之外，还可以表示原因。

　　例：お腹が痛いから、病院に行きます。　　因为肚子疼，所以我要去医院。

　　　　雨が降っているから、少し待ちましょう。　因为在下雨，等一会儿吧。

❖ 动词的连用形2后续「～たほうがいい」表示劝诱对方做某事，可译为"最好……"。

　　例：今日はゆっくり休んだほうがいいです。　今天最好好好休息一下。

　　　　今電話で連絡したほうがいいです。　　现在最好电话联系一下。

❖ 动词的连用形1接续表示愿望的助动词「たい」，表示想要做某事，多用于表示第一人称想要做某事。

　　例：ぜひ行ってみたいです。　　　　　　　我真想去看看。

ギョーザを作ってみたいです。　　　　我想试着做饺子。

コーヒーが飲みたいです。　　　　　我想喝咖啡。

単語：　さいしょ（最初）　　　　　最初，首先；

　　　　まち（町）　　　　　　　　街道，城市；

　　　　きょうと（京都）　　　　　京都；

　　　　みやこ（都）　　　　　　　都市，京城；

◎ 基礎トレーニング

请根据下面的对话，在画线处写出日语译文，并反复朗读。

吉田：小张，你去过日本吗？

_____

張 ：不，还没有去过。

_____

吉田：你在学习日语，所以最好能去一次日本。

_____

張 ：是啊。首先该去哪个城市好呢？

_____

吉田：我觉得最好去京都。

_____

張 ：京都是个什么样的城市？

_____

吉田：是日本的古都，有很多名胜古迹。

_____

張 ：我真想去看看！

_____

（場面：昨日の映画についてお二人が話しています。）

劉　　：田中さん、昨日映画を見に行った？

田中　：見に行ったよ。

劉　　：どうだった？面白かった？

田中　：うん、面白かったよ。

劉　　：中国語を聞いて全部分かった？

田中　：80％ ぐらいかな。

劉　　：すごいね。

田中　：いいえ、まだまだだよ。

📖 説明

◇ 日语中的表达形式分为敬体和简体。敬体一般是以接续「です」、「ます」的
　 形式结句，用于比较正式、客气的场合。简体是以用言或助动词的终止形结句，
　 用于比较随意、关系比较亲密的场合。

简体	敬体	简体	敬体
行く	行きます	美味しい	美味しいです
食べる	食べます	新しい	新しいです
見る	見ます	便利だ	便利です

◇ 用言包含形容词、形容动词和动词。用言和助动词的终止形与其基本形相同。
　 例如：形容词「新しい」的终止形是「新しい」；形容动词「きれいだ」的终
　　　　 止形是「きれいだ」；动词「行く」的终止形是「行く」；助动词「た」
　　　　 的终止形是「た」；

◇ 数量词接续助词「ぐらい（くらい）」，表示大致的数量。

197

例：昨日 3 時間ぐらい英語を勉強した。　昨天学了 3 个小时左右的英语。

二週間ぐらい休んだ。　　　　　休息了两周左右。

✧ 终助词「かな」接在句尾，表示不确定。

例：テストは来週の金曜日かな。　　测验好像是下周五吧。

あの人は田中さんのお姉さんかな。　那个人好像是田中的姐姐吧。

単語：ぜんぶ（全部）　　　　　　全部；

わかる（分かる）　　　　　明白，懂；

すごい（凄い）　　　　　　厉害，了不起；

◎ 基礎トレーニング

请根据下面的对话，在画线处写出日语译文，并反复朗读。

劉　：田中，你昨天去看电影了？

_____

田中：去了。

_____

劉　：怎么样？有意思吗？

_____

田中：嗯，挺有意思的。

_____

劉　：中文都听明白了？

_____

田中：80% 左右吧。

_____

劉　：你可真了不起！

_____

田中：哪里哪里，还差得远呢。

_____

198

会話-4

（場面：藤井さんが趙さんを誘っています。）

藤井：趙さん、午後映画を見に行かない？

趙　：映画？

藤井：うん、今週面白い映画が上映されているそうだ。

趙　：明日はテストがあるから、今日はちょっと…。

藤井：そうか。じゃ、仕方がないね。

趙　：ごめんね。また今度ね。

藤井：ううん、テスト頑張ってね。

説明

◇ 动词的连用形 1 或者带有动作性的名词接续助词「に」表示目的。

例：デパートへ買い物に行きます。　　去商场买东西。

　　先生に会いに行きます。　　　　　去见老师。

◇ 动词的未然形，是动词的活用形之一，它不能够单独使用，必须后续一些助动词构成句节才能使用。其经常后续表示否定的助动词「ない」构成简体的否定式。也可以后续与「ない」相关的各种句型，如「なくても」、「なくては」、「ないで」等

例：夏休み家に帰らない。　　　　　　暑假不回家。

　　辛い物を食べない。　　　　　　　我不吃辣的。

◇ 动词的未然形活用规则如下：

动词分类	活用规则	动词基本型		动词未然形
一类动词 (五段動詞)	词尾变成同行ア段的假名（但词尾う变成わ）	買う	かう	買わ（ない）
		書く	かく	書か（ない）
		話す	はなす	話さ（ない）
		待つ	まつ	待た（ない）
		死ぬ	しぬ	死な（ない）
		遊ぶ	あそぶ	遊ば（ない）
		読む	よむ	読ま（ない）
		売る	うる	売ら（ない）
		急ぐ	いそぐ	急が（ない）
二类动词 (一段動詞)	去掉词尾的最后一个假名る	食べる	たべる	食べ（ない）
		起きる	おきる	起き（ない）
三类动词 (サ変動詞)	把する变成し・せ	する		し（ない） せ（ぬ、ず）
		勉強する		勉強し（ない） 勉強せ（ぬ、ず）
三类动词 (カ変動詞)	把くる变成こ	来る	くる	来（ない）

◇ 「上映される」由动词「上映する」与表示被动的助动词「れる」构成，表示电影上映之意。

◇ 用言的终止形接续传闻助动词「そうだ」，可译为"听说……"。

例：李さんの故郷は南の方にあるそうだ。　　听说小李的故乡在南方。

　　あの町はにぎやかだそうだ。　　听说那个城市很热闹。

　　東北の夏はとても涼しいそうだ。　　听说东北的夏天很凉快。

◇ 副词「ちょっと」原意表示"稍微、一点"的意思，也可以用于表示拒绝对方时比较暧昧的表达，可译为"有点儿(困难)……"。

例：A：一緒に行きますか。　　一起去吗？

　　B：今日はちょっと……。　　今天有点儿不方便……。

◇ 动词的连用形2接续「てね」用于表示简体的劝诱或建议，相当于敬体的「～てください」。

例：ゆっくり読んでね。　　慢慢读！

　　よく寝てね。　　好好睡觉！

単語：じょうえいする（上映する）　　　　　上映；

しかた（仕方）　　　　　　　　　　方法，办法；

こんど（今度）　　　　　　　　　　下次；

◎ 基礎トレーニング

请根据下面的对话，在画线处写出日语译文，并反复朗读。

藤井：小赵，下午去看电影吧！

_____

趙　：电影？

_____

藤井：听说这周有部很有意思的电影在上映。

_____

趙　：明天有考试，所以今天有点儿……

_____

藤井：是吗？那没办法。

_____

趙　：对不起。下次吧！

_____

藤井：没关系。你好好准备考试吧！

_____

<label>会話-5</label>
かいわ

（場面：中井さんが孫さんに誕生日のことについて相談します。）
ばめん　なかい　　　　そん　　　　たんじょうび　　　　　　　　そうだん

中井：来週は母の誕生日です。
なかい　　　はは

孫　：そうですか。何かプレゼントを用意しましたか。
そん　　　　　　　　　　　　　　　　ようい

中井：いいえ、まだです。孫さん、何かいいアイディアがありますか。
なかい

孫　：中国の名物はどうですか。例えば、七宝焼き、シルクスカーフ、
そん　　　　めいぶつ　　　　　　たと　　　しっぽうや

　　　お茶など。
　　　ちゃ

中井：いいですね。母はお茶が好きだから、お茶にします。
なかい

孫　：お茶でも、ウーロン茶、ジャスミン茶、プーアル茶などたく
そん

　　　さんの種類がありますが。
　　　しゅるい

中井：そうですね。母はプーアル茶を飲んだことがないから、プー
なかい　　　　　　　　　　　　　　　の

　　　アル茶にします。

📖　説明

◇　名詞接続「にします」表示決定，多表示主観意志（第一人称）的决定。

例：昼ご飯はラーメンにします。　　　午餐我吃拉面。

　　この赤いワンピースにします。　　我要买这条红色的连衣裙。

◇　助词「が」接在句尾，表示顺接，用于缓和语气，「が」后面的意思多可意会。

例：私も一緒に行きたいですが。　　　我也想一起去……（可以吗？）

　　考えはいろいろありますが。　　　我（们）有很多想法。

単語：
よういする（用意する）	准备；
アイディア	想法，主意；
めいぶつ（名物）	特产；
しっぽうやき（七宝焼き）	景泰蓝；
シルクスカーフ	丝绸围巾；
ウーロンちゃ（ウーロン茶）	乌龙茶；
ジャスミンちゃ（ジャスミン茶）	茉莉花茶；
プーアルちゃ（プーアル茶）	普洱茶；

◎　基礎トレーニング

请根据下面的对话，在画线处写出日语译文，并反复朗读。

中井：下周我妈妈过生日。

_____

孫　：是吗？你准备什么礼物了吗？

_____

中井：还没有。你有什么好主意吗？

_____

孫　：中国的特产怎么样？比如：景泰蓝、丝绸、茶等。

_____

中井：好啊！我妈妈喜欢喝茶，就送茶吧。

_____

孫　：茶也有很多种类呢，比如：乌龙茶、茉莉花茶、普洱茶等。

_____

中井：是啊。我妈妈没有喝过普洱茶，那就送普洱茶。

_____

会話-6

（場面：お二人が放課後のことについて話しています。）

莫　：川口さん、放課後、一緒にテニスをしませんか。

川口：すみません。午後は友達が遊びに来るので、部屋を掃除しな
　　　ければなりません。

莫　：そうですか。何か手伝うことがありますか。

川口：いいえ、大丈夫です。午後は暇だったら、莫さんも遊びに来
　　　てください。

莫　：いいんですか。

川口：どうぞ。みんなで話したほうが楽しいですから。

説明

❖ 动词的未然形接续「～なければなりません」、「～なければならない」（简体），
　表示"必须……、不……不行"。

　　例：今、話さなければなりません。　　　　　现在必须得说。

　　　　自分でやらなければなりません。　　　　必须自己做。

　　　　真面目に勉強しなければならない。　　　必须认真学习。

❖ 动词或助动词的连用形接续「たら」，表示假设、假定。译为"……的话"。

　　例：みんなで行ったらどうですか。　　　　大家一起去的话，怎么样？

　　　　田中さんだったら、知っていると思います。

　　　　要是田中的话，我想他应该知道。

単語：ほうかご（放課後）	下课后；
あそぶ（遊ぶ）	游戏，游玩；
そうじする（掃除する）	扫除，打扫；
てつだう（手伝う）	帮助，协助；

◎ 基礎トレーニング
き そ

请根据下面的对话，在画线处写出日语译文，并反复朗读。

ばく
莫　：川口，放学后一起打网球吧？

_____

かわぐち
川口：对不起。下午朋友来玩儿，我得收拾一下房间。

_____

ばく
莫　：是嘛。有什么需要我帮忙的吗？

_____

かわぐち
川口：没有。下午你有时间的话，也来玩儿吧！

_____

ばく
莫　：可以吗？

_____

かわぐち
川口：来吧。大家一起聊天更开心。

_____

◎ 応用トレーニング-1
おうよう

请在括号内填入合适的内容。

1. A: 山に登ったことがありますか。

   B: はい、（　　　　　　　　　　）。

2. A: 日本へ行ったことがありますか。

   B: いいえ、（　　　　　　　　　　）。

3. A: 毎日学校へ行かなければなりませんか。

   B: はい、（　　　　　　　　　　）。

4. A: 先生に会ったら、あいさつをしますか。

   B: はい、必ず（　　　　　　　　　　）。

◎ 応用トレーニング-2
_{おうよう}

请自由回答下列问题。

1. どこかへ旅行に行ったことがありますか。

2. 日本人と日本語で話したことがありますか。

3. 毎日やらなければならないことは何ですか。

4. 日本人に会ったらどう自己紹介をしますか。

5. 大学生活について話してみてください。

◎ 応用トレーニング-3
_{おうよう}

1. 次の単語を文に直しなさい。

  (1) 北京ダック／食べる／を／たことがある／ます

    → _____

  (2) 最初／どの町／行く／は／へ／たほうがいい／ですか

    → _____

  (3) 今週／面白い／映画／が／そうだ／上映されている

    → _____

  (4) 田中さん／プーアル茶／好き／は／が／だから／プーアル茶にします

    → _____

2. 正しい答えを選びなさい。

  (1) 北京の名所旧跡をいろいろ見て回りましたか。

    (A. はい、いろいろ見物しました

    B. 北京ダックを食べたことがありました)。

206

(2) 王府井には老舗がありますか。

　　　（A. はい、あります　　　　　　B. ぜひ案内してください）。

(3) 楊　：田中さんは中国へ行ったことがありますか。

　　　田中：いいえ、＿＿＿＿＿＿＿＿ことがありません。

　　　（A. 行く　　　　　　　　　　B. 行った）。

(4) 李：これから一緒にテニスをしませんか。

　　　王：＿＿＿＿＿＿＿＿＿＿＿＿＿＿＿＿＿。

　　　（A. ぜひしません　　　　　　B. すみません、今日はちょっと…）。

3.　以下の会話文を完成しなさい。

（場面：電話でホテルの予約を確認する。）

田中：もしもし、徐さん、お久しぶりです。田中です。

徐　：お久しぶりですね。お元気ですか。

田中：はい、（　　　　　　　　）さまで元気です。／托您的福，我很好。

徐　：それは何よりですね。何かご用でもありますか。

田中：はい、早速ですけど、国慶節の休みに北京へ旅行に行きたいのですが、ホテ
　　　ルの予約に困っていて…

徐　：そうですか。私ができることがあれば、お手伝いいたしますが。

田中：よかった、助かります。徐さんは、北京に行った（　　　　　　　　）よね。

　　　／小徐，你去过北京吧?

徐　：ええ、何回か行きました。

田中：じゃ、万里の長城と頤和園、どの辺りのホテルを予約したほうがいいですか。

徐　：そうですね。両方とも北京の北西にありますが、連休なので道路も混んでい
　　　るんでしょうね。

田中：そうですか。やはり早朝出発したほうがいいですね。

徐　：ええ。ホテルは、西直門駅の近くが便利かもしれません。また、バスも
　　　鉄道もあるが、鉄道のほうがもっといいですね。

田中：はい、分かりました。ありがとうございます。

新出<ruby>単語<rt>しんしゅつたんご</rt></ruby>

<ruby>しんしゅつたんご</ruby>
新 出 単 語

半年④	［はんとし］	名词	半年
月日②	［つきひ］	名词	时间，时光
経つ①	［たつ］	自五	流逝，过去
故宮①	［こきゅう］	名词	故宫
北京ダック④	［ペキンダック］	名词	北京烤鸭
王府井③	［ワンフーチン］	名词	王府井
老舗⓪	［しにせ］	名词	老字号
案内する⓪	［あんないする］	他サ	陪同，向导
最初⓪	［さいしょ］	名词	最初，首先
町②	［まち］	名词	街道，城市
京都①	［きょうと］	名词	京都
都⓪	［みやこ］	名词	都市，京城
全部①	［ぜんぶ］	副词・名词	全部
分かる②	［わかる］	自五	明白，懂
凄い②	［すごい］	形容词	厉害，了不起
上映する⓪	［じょうえいする］	他サ	上映
仕方⓪	［しかた］	名词	方法，办法
今度①	［こんど］	名词	下次
用意①	［ようい］	名词・他サ	准备
アイディア③①		名词	想法，主意
名物①	［めいぶつ］	名词	特产
七宝焼き⓪	［しっぽうやき］	名词	景泰蓝
シルクスカーフ⑤		名词	丝绸围巾
ウーロン茶③	［ウーロンちゃ］	名词	乌龙茶
ジャスミン茶③	［ジャスミンちゃ］	名词	茉莉花茶
プーアル茶④	［プーアルちゃ］	名词	普洱茶
放課後⓪	［ほうかご］	名词	下课后
遊ぶ⓪	［あそぶ］	自五	游戏，游玩
掃除する⓪	［そうじする］	他サ	扫除，打扫
手伝う③	［てつだう］	自他五	帮助，协助

コラム

普段から飲まれるお茶

　日本茶（緑茶）は、日本の日常生活で欠かせないものです。冬は暖かいお茶、夏は冷たいお茶、また持ち運び便利なペットボトルのお茶などがあります。食事やティータイム、お客さんとの会合時にお茶が出されます。最近は、健康志向で「健康茶」と呼ばれる花茶、プーアール茶、ウーロン茶、麦茶、緑茶、玄米茶、ルイボスティーなどが人気です。

　お茶に欠かせないのは、日本伝統の焼物陶器の急須と湯のみ茶碗です。ゆっくりと日本茶を楽しみたい方には、日本茶専門店やカフェでこだわりのお茶を味わうことができます。中国のお茶の飲み方のように、カップにお茶の葉を入れて、そのままお湯を何度も注ぐのではなく、急須でお茶を蒸らして、茶こしを使って、一杯ずつお茶を入れます。和食、和菓子には、日本茶がよく合います。是非様々な種類のお茶を試してみると良いでしょう。

応用トレーニング-1
<ruby>正解<rt>せいかい</rt></ruby>：

1. あります

2. 行ったことがありません

3. 毎日行かなければなりません

4. あいさつします

応用トレーニング-3
<ruby>正解<rt>せいかい</rt></ruby>：

1.（1）北京ダックを食べたことがあります。

　（2）最初はどの町へ行ったほうがいいですか。

　（3）今週面白い映画が上映されているそうだ。

　（4）田中さんはプーアル茶が好きだから、プーアル茶にします。

2.（1）A　　　（2）A　　　（3）B　　　（4）B

3.（1）おかげ　　　　　　　（2）ことがあります

第十課　テストで使う ペンを買いました

<ruby>第<rt>だい</rt></ruby><ruby>十<rt>じゅっ</rt></ruby><ruby>課<rt>か</rt></ruby>　テストで<ruby>使<rt>つか</rt></ruby>うペンを<ruby>買<rt>か</rt></ruby>いました

学習目的： <ruby>学習目的<rt>がくしゅうもくてき</rt></ruby>

文型を使用して言語表現の能力を更にアップする。

通过使用丰富的句型，进一步提高语言表达能力。

学習項目： <ruby>学習項目<rt>がくしゅうこうもく</rt></ruby>

(1) <ruby>経験<rt>けいけん</rt></ruby>や<ruby>経歴<rt>けいれき</rt></ruby>に<ruby>関<rt>かん</rt></ruby>する<ruby>文型<rt>ぶんけい</rt></ruby>：　　　　＜与经验或经历相关的句型＞

「～ことができます」

「～たことがあります」

(2) <ruby>形式名詞<rt>けいしきめいし</rt></ruby>：こと、の、つもり　　　＜形式名词「こと、の、つもり」＞

(3) <ruby>動詞連用形<rt>どうしれんようけい</rt></ruby>に<ruby>関<rt>かん</rt></ruby>する<ruby>文型<rt>ぶんけい</rt></ruby>：　　　　＜动词连用形相关句型＞

「～ながら」

「～たり～たりします（です）」

(4) <ruby>物事<rt>ものごと</rt></ruby>の<ruby>決定<rt>けってい</rt></ruby>を<ruby>表<rt>あらわ</rt></ruby>す<ruby>文型<rt>ぶんけい</rt></ruby>：　　　　＜表示决定的句型＞

「～ことにします」

「～ことになります」

（場面：王さんが試験準備のために買い物をして河口さんに出会う。）

河口：王さん、いっぱい文房具を買いましたね。

王　：はい、来週のテストで使うペンを買いました。それから、ノートや修正テープなども買いました。

河口：テストで使うペンは普通のペンと違いますか。

王　：いいえ、普通のペンですが、今日は特に書きやすいのを選びました。

河口：これで準備が万全ですね。

王　：そうですね。あとは習った内容をもう一度復習することですね。

河口：じゃ、頑張ってくださいね。

📖 説明

❖ 动词的连体形和基本形相同，后续体言做定语。还可以后续形式体言和各种助词、助动词。

　　例：テストで使うペンを買いました。　　我买了考试时用的笔。

　　　　あとは習った内容をもう一度復習することですね。

　　　　之后就是把学过的内容再复习一遍啦。

　　　　あそこにいる人は王さんです。　　　那边的人是小王。

　　　　学校に帰る人はこのバスに乗ってください。

　　　　回学校的人请坐这辆客车。

　　　　宿題を出すのを忘れました。　　　　我忘记交作业了。

✧ 动词的连用形1接续「～やすい」，表示"容易做某事"。

例：このペンは書きやすいです。　　　　　这支笔很好用。

　　この本は分かりやすいです。　　　　　这本书很易懂。

✧ 形式体言「の」接在用言的连体形后，代表人、事、物。也可以构成新的句型。

例：今日は特に書きやすいのを選びました。

　　今天选了特别好写的笔。

　　あの人に会うのが嫌です。　　　　　我讨厌见那个人。

　　一人で帰るのが怖いです。　　　　　我一个人回家有点儿害怕。

単語：ぶんぼうぐ（文房具）	文具；
ペン	笔，钢笔；
ノート	笔记本；
しゅうせいテープ（修正テープ）	修正带；
ちがう（違う）	不同；
じゅんび（準備）	准备；
ばんぜん（万全）	万全，万无一失；
ならう（習う）	学习；
ないよう（内容）	内容；

◎ 基礎トレーニング

请根据下面的对话，在画线处写出日语译文，并反复朗读。

河口：小王，你买了好多文具啊！

_____

王　：是的。我买了下周考试用的笔。还有笔记本和修正带等。

_____

河口：考试用的笔和普通的笔不一样吗？

_____

213

おう
王 ：不，是普通的笔，但是今天选了特别好写的笔。

_____

かわぐち
河口：那就准备得万无一失了。

_____

おう
王 ：是啊。之后就是把学过的内容再复习一遍啦。

_____

かわぐち
河口：那你加油啊！

_____

会話-2
かいわ

ばめん　　　　　　ふたり　こうりゅうかい　だ　もの　　　　　　はな
（場面：お二人は交流会の出し物について話しています。）

ちょう　　さいとう　　　　　　　　　　　ちゅうにちこうりゅう　　　　　　　だ
張 ：斎藤さん、今度の中日交流パーティーで何を出したいですか。
さいとう
斎藤：ギョーザを作ってみたいです。
ちょう
張 ：斎藤さんはギョーザを作ることができますか。
さいとう
斎藤：ええ、大丈夫だと思います。劉さんが作っているのを見たこ
　　　とがあります。
ちょう　　　　　　　　　　　　　　　　ふくざつ
張 ：でも、けっこう複雑ですよ。
さいとう
斎藤：そうですか。張さんはできますか。
ちょう
張 ：ええ、もちろんできますよ。一緒に作りましょうか。
　　　　　　　　　　　　　　　　　　　たす
斎藤：それだったら、本当に助かります。よろしくお願いします。

📖 **説明**

◇动词的连体形接续「～ことができます」，表示能够做某事。此句型中的「こ
と」是形式体言，代指某事，动词「できる」表示能够。

　例：ギョーザを作ることができます。　　我会做饺子。

　　　運転することができます。　　　　　我会开车。

　　　来週上海へ行くことができません。　下周我不能去上海。

❖ 动词连体形接续「〜ことがあります」，表示有过或偶尔会有某种行为或情况，相当于汉语的"有时会……"。

例：一人暮らし(ひとりぐ)をしていると、寂しくなることがあります。

　　当独自一人生活时，有时会感到寂寞。

　　暇(ひま)な時、この公園へ行くことがあります。

　　闲暇时，我有时会去这个公园。

❖ 动词连用形2接续「た（过去助动词）」+「〜ことがあります」，表示曾经有过某种经历，相当于汉语的"曾经……"。

例：日本に行ったことがあります。　　我以前去过日本。

　　この小説(しょうせつ)を読んだことがあります。　我曾经看过这本小说。

❖ 动词「助かる」有得救、脱险的意思，还有省事，变轻松的意思。会话中的「助かります」是省事、变轻松的意思。

例：王さんがいると、助かります。　　小王在的话，我就轻松多了。

　　それだったら、助かりますね。　　要是那样的话就省事了。

単語(たんご)：ギョーザ　　　　　　　　饺子；

　　　　　つくる（作る）　　　　　制作，制造；

　　　　　ふくざつ（複雑）　　　　复杂，纷乱；

　　　　　もちろん（勿論）　　　　当然，不用说；

　　　　　たすかる（助かる）　　　省事，得救，脱险；

◎ 基礎(きそ)トレーニング

请根据下面的对话，在画线处写出日语译文，并反复朗读。

張(ちょう)　：斎藤，这次中日交流会你准备做点儿什么?

_____

斎藤(さいとう)：我想试着做饺子。

_____

張(ちょう)　：你会做饺子?

_____

215

斎藤<ruby>さいとう</ruby>：对，我看过小刘做饺子。

———————————————————

張<ruby>ちょう</ruby>　：不过，挺复杂的呢。

———————————————————

斎藤<ruby>さいとう</ruby>：是嘛。你会做吗？

———————————————————

張<ruby>ちょう</ruby>　：当然会做。要一起做吗？

———————————————————

斎藤<ruby>さいとう</ruby>：太好了！那我就轻松了。那就拜托了！

———————————————————

（場面：お二人はスケジュールについて話しています。）

郭　　：来月のフィールドワークはどこへ行きますか。

菅原：私は雲南省へ行くつもりです。

郭　　：どうして雲南省にしたんですか。

菅原：雲南省には少数民族の人が住んでいると聞きましたから。

郭　　：そうですね。少数民族の生活を体験してみたいですか。

菅原：はい、そこの食べ物を味わったり、少数民族の人と話したり

　　　　したいですね。

郭　　：ええ、いい経験になると思いますよ。

📖 説明

◇ 动词的连体形接续形式体言「つもり」，表示打算做某事。

　　例：私は雲南省へ行くつもりです。　　　　我打算去云南省。

　　　　冬休みに旅行に行くつもりです。　　　寒假我打算去旅行。

　　　　留学するつもりはありません。　　　　我没有去留学的打算。

◇ 助词「に」接续动词「する」构成句型「～にする」，表示决定。还可以以动

　　词的连体形接续「～ことにする」的形式表示决定做某事。

　　例：どうして雲南省にしたんですか。　　　为什么决定去云南省？

　　　　昼ご飯はカレーにします。　　　　　　午饭决定吃咖喱。

　　　　もう一度説明することにしました。　　我决定再说明一次。

◇ 动词的连用形2接续「～たり～たりする」，表示列举。

　　例：そこの食べ物を味わったり、少数民族の人と話したりしたいです。

　　　　我想尝尝那里的食物，和少数民族的人聊聊天。

週末、洗濯したり、部屋を掃除したりしました。

周末洗洗衣服，收拾收拾房间。

単語：フィールドワーク　　　　　　　实地调查，野外调查；

うんなんしょう（雲南省）　　　云南省；

しょうすうみんぞく（少数民族）　少数民族；

すむ（住む）　　　　　　　　　居住；

たいけん（体験）　　　　　　　体验；

あじわう（味わう）　　　　　　品尝，品味；

けいけん（経験）　　　　　　　经验；

◎ 基礎トレーニング

请根据下面的对话，在画线处写出日语译文，并反复朗读。

郭　：下个月的野外调查，你准备去哪儿？

_____

菅原：我打算去云南省。

_____

郭　：为什么决定去云南省？

_____

菅原：因为我听说云南省住着很多少数民族。

_____

郭　：是的。你想体验一下少数民族的生活吗？

_____

菅原：是的。我想尝尝那里的食物，和少数民族的人聊聊天。

_____

郭　：嗯，我想一定能成为一次很好的人生经历！

_____

会話-4

（場面：川村さんは呉さんの習慣について話しています。）

川村：呉さん、いつも耳にイヤホンが付いていますね。

呉　：はい、僕は音楽が大好きですから。ずっと音楽を聞いていますよ。

川村：そうですか。宿題も音楽を聞きながらしていますか。

呉　：はい、音楽を聞きながら宿題をしたり、予習したりしています。

川村：そうですか。私なら、集中できなくなりますが。

呉　：僕は小さい頃からずっとこうしていますから、もう慣れています。

川村：なるほど、すごいですね。

📖 **説明**

❖ 动词的连用形1接续助词「ながら」表示两个动作同时进行。

　　例：宿題も音楽を聞きながらやっていますか。

　　　　作业也是一边听音乐一边写吗?

　　　　父はいつも新聞を読みながら朝ご飯を食べています。

　　　　我父亲总是一边看报纸一边吃早饭。

❖ 助词「なら」是助动词「だ」的假定形，表示假设。

　　例：私なら、集中できなくなりますが。

　　　　要是我的话，就无法集中注意力了。

　　　　この場合、木村さんなら、どうしますか。

　　　　这种情况，要是木村你的话，会怎么做呢?

❖ 当接尾词「ころ」接续在名词之后时，发生浊化，变成「ごろ」。

219

単語：みみ（耳）   耳朵；

イヤホン   耳机；

ぼく（僕）   我；

よしゅうする（予習する）   预习；

しゅうちゅうする（集中する） 集中（注意力）；

ころ（頃）   时候；

なれる（慣れる）   习惯，适应；

◎ 基礎トレーニング

请根据下面的对话，在画线处写出日语译文，并反复朗读。

川村：小吴，你耳朵上总是戴着耳机啊！

_____

呉　：是的。我特别喜欢音乐，一直都在听。

_____

川村：是嘛。那作业也是一边听音乐一边写吗？

_____

呉　：是的。一边听音乐一边写作业、预习什么的。

_____

川村：是嘛！要是我的话，就无法集中注意力了。

_____

呉　：我从小就这样，所以已经习惯了。

_____

川村：你可太厉害了！

_____

会話-5

【登場人物：同級生の李さん（男性）と鈴木さん】

（場面：李さんは鈴木さんにお知らせを伝えます。）

李　　：鈴木さん、明後日の運動会は中止することになったよ。

鈴木：ええ、どうして。

李　　：天気予報によると、大雨が降るかもしれないから。

鈴木：そう。それは残念だね。ずっと楽しみにしていたのに。

李　　：でも、天気がよくなったら、またやると思うよ。

鈴木：そうだね。でも、トレーニングは続けたほうがいいよ。

李　　：そうだね。じゃ、今日も頑張ろう。

📖 説明

✧ 动词的连体形接续「～になる」表示客观决定。

　　例：明後日の運動会は中止することになった。

　　　　后天的运动会暂停举行了。

　　　　来週佐藤さんが出張に行くことになりました。

　　　　下周决定让佐藤去出差。

✧ 句型「～によると」表示依据、根据。

　　例：天気予報によると、大雨が降るかもしれないから。

　　　　据天气预报说，明天可能下大雨。

　　　　噂によると、運動会が中止になったそうです。

　　　　据传言说，暂停召开运动会了。

✧ 句型「～かもしれない」表示可能，译为"可能……、也许……"。

　　例：天気予報によると、大雨が降るかもしれないから。

据天气预报说，明天可能下大雨。

来週学校に来ないかもしれません。

下周也许不来学校。

◇ 助词「のに」表示转折，带有遗憾、惋惜、责问和后悔的感情。

例：ずっと楽しみにしていたのに。 我一直都很期待呢。

あなたも一緒に行けばよかったのに。 你要是也一起去就好了。

◇ 句型「～と思う」表示感到、认为，多用于第一人称。

例：天気がよくなったら、またやると思うよ。

我觉得天气转好后还会举行的。

一人でやるのが難しいと思います。

我觉得一个人做的话比较难。

◇ 「そうだね」通常为男性用语，女性可说「そうね」，二者的句末终助词使用存在明显差异。值得一提的是，日语中根据性别不同，所使用的很多词汇或表达方式，也会有所不同。

单語：あさって（明後日）　　　　　后天；

うんどうかい（運動会）　　　运动会；

ちゅうしする（中止する）　　　中止；

どうして　　　　　　　　　　为什么；

てんきよほう（天気予報）　　　天气预报；

おおあめ（大雨）　　　　　　　大雨；

ざんねん（残念）　　　　　　　遗憾；

たのしみ（楽しみ）　　　　　　盼望，期盼；

トレーニング　　　　　　　　　练习，训练；

つづける（続ける）　　　　　　继续；

◎ 基礎トレーニング

请根据下面的对话，在画线处写出日语译文，并反复朗读。

李 ：铃木，后天的运动会暂停举行了。

鈴木：啊？为什么？

_____

李　：因为据天气预报说，可能要下大雨。

_____

鈴木：是嘛。太遗憾了。我一直都很期待呢。

_____

李　：不过，我觉得天气转好后还会举行的。

_____

鈴木：是啊，那最好还是继续练习吧。

_____

李　：好，那今天也要加油！

_____

会話-6

（場面：お二人が留学のことについて話しています。）

工藤：黄さん、来年日本へ留学すると聞きましたが、本当ですか。

黄　：はい、交換留学生として、一年間日本へ行くことになりました。

工藤：それは良かったですね。

黄　：ありがとうございます。

工藤：日本で何について勉強しますか。

黄　：日本の経済について勉強したいと思います。

工藤：そうですか。私は中国に来る前に経済学を勉強していました。

黄　：そうですか。じゃあ、また色々教えてください。これから、
　　　よろしくお願いします。

📖 **説明**

✧ 名词接续「として」，表示"作为……"。

例：交換留学生として、一年間日本へ行くことになりました。

我要作为交换留学生去日本一年。

中村さんは代表としてスピーチをしました。

中村作为代表进行了演讲。

✧ 名词接续「について」，表示"关于……，就……"。

例：日本の経済について勉強したいと思います。 我想学习日本的经济。

この問題について説明してください。 请就这个问题进行说明。

単語 _{たんご}		
らいねん（来年）		明年；
りゅうがくする（留学する）		留学；
ほんとう（本当）		真的，的确；
こうかん（交換）		交换；
けいざいがく（経済学）		经济学；
スピーチ		讲演，致辞；

◎ **基礎トレーニング** _{きそ}

请根据下面的对话，在画线处写出日语译文，并反复朗读。

工藤 _{くどう}：小黄，听说你明年要去日本留学，是真的吗?

_____

黄 _{こう}：是的，我要作为交换留学生去日本一年。

_____

工藤 _{くどう}：那祝贺你。

_____

黄 _{こう}：谢谢!

_____

工藤 _{くどう}：在日本学习什么呢?

_____

黄<ruby>こう</ruby>：我想学习日本的经济。

_____

工藤<ruby>くどう</ruby>：是嘛。我来中国之前就学经济学。

_____

黄<ruby>こう</ruby>：是嘛。那以后还请你多多指教。

_____

◎ 応用<ruby>おうよう</ruby>トレーニング-1

请在括号里填入合适的内容。

1. A：あなたは料理を作ることができますか。

　　B：はい、（　　　　　　　　　　　）。

2. A：週末はどう過ごしますか。

　　B：（　　　　　　　　　　　）。

3. A：あなたはいつも携帯電話を見ながらご飯を食べていますか。

　　B：はい、（　　　　　　　　　　　）。

4. A：第二外国語は何語にしますか。

　　B：（　　　　　　　　　　　）。

◎ 応用<ruby>おうよう</ruby>トレーニング-2

请自由回答下列问题。

1. あなたはギョーザを作ることができますか。

2. 中日の学生の交流パーティーに参加したことがありますか。

3. あなたの大学に運動会がありますか。

4. 日本へ留学するなら何を勉強したいですか。
（経済学<ruby>けいざいがく</ruby>、教育学<ruby>きょういくがく</ruby>、社会学<ruby>しゃかいがく</ruby>、情報科学<ruby>じょうほうかがく</ruby>、医学<ruby>いがく</ruby>、法学<ruby>ほうがく</ruby>、言語学<ruby>げんごがく</ruby>）

225

5. いつもどこで買^かい物^{もの}をしていますか。何^{なに}を買^かいますか。

店^{みせ}　：スーパー、コンビニ、デパート、百貨店^{ひゃっかてん}、電気店^{でんきてん}、洋服屋^{ようふくや}、本屋^{ほんや}、ネット…

商品^{しょうひん}：服^{ふく}、アクセサリー、靴^{くつ}、帽子^{ぼうし}、Tシャツ、ズボン、お菓子^{かし}、アイスクリーム、お酒^{さけ}、お茶^{ちゃ}、財布^{さいふ}、カバン、ネクタイ、テレビ、冷蔵庫^{れいぞうこ}、エアコン、扇風機^{せんぷうき}、小説^{しょうせつ}、雑誌^{ざっし}、テキスト…

◎ 応用^{おうよう}トレーニング-3

1. 次^{つぎ}の単語^{たんご}を文^{ぶん}に直^{なお}しなさい。

(1) 来週／テスト／使う／ペン／で／の／を／買う／ました

→ _____

(2) 佐藤^{さとう}さん／ギョーザ／作る／できる／を／が／は／ます／ことが

→ _____

(3) 雲南省／少数民族の人／住む／と聞く／には／が／ている／ました

→ _____

(4) 音楽／聞く／ながら／宿題／予習／を／を／する／たり／する／たりしています

→ _____

2. 正^{ただ}しい答^{こた}えを選^{えら}びなさい。

(1) あとは習った内容をもう一度復習することです。

（A. じゃ、頑張ってくださいね　　　B. 一度復習します）。

(2) パーティーで何を出したいですか。

（A. ギョーザを作ってみたいです　　B. ギョーザがほしいです）。

(3) 音楽を聞きながら、何をしていますか。

（A. 宿題をしたり、予習したりしています

B. 宿題をしたり、予習したりです）。

(4) 日本で何を勉強していますか。

（A. 経済学です　　　　　　　　　B. 旅行します）。

226

3. 以下の会話文を完成しなさい。
【登場人物：田中さんと楊さんが料理作りにチャレンジする】

田中：楊さん、今日はどんな料理にチャレンジですか。

楊　：麻婆豆腐なんですけど、田中さんお好きですか。

田中：えーっ、麻婆豆腐が作れるんですか。すごいですね。私は日本で食べた

　　　（　　　　　　　）が、中国ではまだですね。／我在日本吃过，但是在中

　　　国还没有吃过。

楊　：そうですか。私の故郷では麻婆豆腐が定番料理です。

田中：普段もよく食べているんですね。

楊　：はい、そうです。

田中：でも、作るのが難しいでしょう。

楊　：いいえ、そんなに（　　　　　　　）ですよ。私は料理がまあまあ上手です。

　　　／并没有那么难。

田中：じゃ、私も手伝いますから、早速（　　　　　　　）［教える］てください。

　　　／请教教我。

楊　：はい、まず手を（　　　　　　　）［洗う］てください。／请先洗手。

227

しんしゅつたんご
新 出 単 語

文房具③	［ぶんぼうぐ］	名词	文具
ペン①		名词	笔，钢笔
ノート①		名词	笔记本
修正テープ⑤	［しゅうせいテープ］	名词	修正带
違う⓪	［ちがう］	自五	不同
準備①	［じゅんび］	名词・自サ	准备
万全⓪	［ばんぜん］	名词	万全，万无一失
習う②	［ならう］	他五	学习
内容⓪	［ないよう］	名词	内容
ギョーザ⓪		名词	饺子
作る②	［つくる］	他五	制作，制造
複雑⓪	［ふくざつ］	名词・形容动词	复杂，纷乱
勿論②	［もちろん］	副词	当然，不用说
助かる③	［たすかる］	自五	省事，得救，脱险
フィールドワーク⑤		名词	实地调查，野外调查
雲南省③	［うんなんしょう］	名词	云南省
少数民族⑤	［しょうすうみんぞく］	名词	少数民族
住む①	［すむ］	自五	居住
体験⓪	［たいけん］	名词	体验
味わう③⓪	［あじわう］	他五	品尝，品味
経験⓪	［けいけん］	名词	经验
耳②	［みみ］	名词	耳朵
イヤホン②③		名词	耳机
僕①	［ぼく］	名词	我
予習する⓪	［よしゅうする］	名词・他サ	预习
集中する⓪	［しゅうちゅうする］	名词・自他サ	集中（注意力）
頃①	［ころ］	名词	时候
慣れる②	［なれる］	自一	习惯，适应
明後日②	［あさって］	名词	后天
運動会③	［うんどうかい］	名词	运动会
中止する⓪	［ちゅうしする］	名词・他サ	中止
どうして①		副词	为什么

天気予報④	［てんきよほう］	名词	天气预报
大雨③	［おおあめ］	名词	大雨
残念③	［ざんねん］	形容动词	遗憾
楽しみ③④	［たのしみ］	名词	盼望，期盼
トレーニング②		名词・自サ	练习，训练
続ける⓪	［つづける］	他一	继续
来年⓪	［らいねん］	名词	明年
留学する⓪	［りゅうがくする］	名词・自サ	留学
本当⓪	［ほんとう］	名词・形容动词	真的，的确
交換⓪	［こうかん］	名词・サ变动词	交换
経済学③	［けいざいがく］	名词	经济学
スピーチ②		名词	讲演，致辞
麻婆豆腐⑤	［マーボーとうふ］	名词	麻婆豆腐
定番⓪	［ていばん］	名词	传统的，家常的
普段①	［ふだん］	名词	平常，平素
早速⓪	［さっそく］	副词	立刻，马上
洗う⓪	［あらう］	他五	洗，洗涤

229

日语口语教程

コラム

朝食「モーニングセット」

日本人の朝食は何でしょうか。和食（御飯）を好む人もいれば、洋食（パン）を好む人もいます。日本のカフェ・喫茶店で、朝の「モーニング」と言えば、トースト、サラダ、ゆで卵、ヨーグルト、コーヒーを思い浮かべることでしょう。多くのお店では、コーヒー1杯程度の値段で朝の「モーニング」が提供され、とてもお得なセットメニューとして人気があります。

通勤・通学する人たちは、家で朝食を済ませることが多いです。大抵の人たちは、手軽なトースト、サンドイッチ、おにぎり、ヨーグルト、コーンフレークなどを食べます。コーヒー好きな日本人は、コーヒーショップで朝の「モーニング」を楽しみに出かけ、週末はくつろぎながら新聞や雑誌を読み、朝食を取る人々も多いです。一般に朝の開店時から11時ごろまでお手頃な「モーニング」が提供されています。

230

応用トレーニング-1
正解：

1. できます

2. 宿題を書いたり、買い物に行ったりします

3. 私はよく携帯電話を見ながらご飯を食べます

4. 英語にします

応用トレーニング-3
正解：

1. (1) 来週のテストで使うペンを買いました。

   (2) 佐藤さんはキョーザをつくることができ。

   (3) 雲南省には少数民族の人が住んでいると聞きました。

   (4) 音楽を聞きながら、宿題をしたり、予習したりしています。

2. (1) A　　(2) A　　(3) A　　(4) A

3. (1) ことがある

   (2) 難しくない

   (3) 教え

   (4) 洗っ

第十一課　友達から誕生日プレゼントをもらいました

学習目的：
がくしゅうもくてき

授受動詞や動詞の推量形などの関連知識を学ぶことで、意思伝達を明確にし、更にコミュニケーションに役立ちましょう。

通过授受动词和动词推量形等语法点的学习，准确把握授受关系，让语言表达更为精准，助力更好的沟通交流。

学習項目：
がくしゅうこうもく

（1）授受動詞及び文型：　　　　　　　＜授受动词及其句型＞
じゅじゅどうしおよ　ぶんけい

「～てあげる、～てくれる、～てもらう」

（2）動詞の推量形及び文型（ぶんけい）：＜动词的推量形及其句型＞
どうし　すいりょうけいおよ

「～う（よう）と思う」
おも

（3）可能を表す動詞　　　　　　　　　＜表示能力的动词＞
かのう　あらわ　どうし

（4）補助動詞：　　　　　　　　　　　＜补助动词＞
ほじょどうし

「～てある、～ておく、～てばかりいる、ていく」

（場面：お二人がお誕生日にもらったプレゼントについて話しています。）

伊藤：陳さん、昨日の誕生日パーティー、楽しかったね。

陳　：うん、とても楽しかった。みんな来てくれたし、プレゼントもいっぱいもらった。

伊藤：それは良かったね。

陳　：伊藤さんがくれた辞書は日本語の勉強にとても役立つと思う。本当にありがとう。

伊藤：いえいえ、大したものじゃないから、よかったら使って。

陳　：大切にするね。ところで、来月は伊藤さんの誕生日だね。

伊藤：うん、外国で誕生日を過ごすのは初めてなんだ。

陳　：そっか。みんなで祝おう。

📖 説明

❖ 授受関係動词「くれる」表示他人给自己（或与自己同一立场的人）某物；「あげる」表示自己（或他人）给他人某物；「もらう」表示从他人那里得到某物。

例：先生は私に辞書をくれました。　　　老师给了我一本词典。
　　私はあの赤い筆箱を李さんにあげた。　我把那个红色的笔袋送给小李了。
　　先輩からいろいろなアドバイスをもらった。

　我从学长那里得到了很多建议。

　授受关系动词前面接续助词「て」构成「～てくれる」、「～てあげ

る」、「～てもらう」的形式，前面接续动词后分别表示别人为自己（或与自己同一立场的人）做某事；自己（或他人）给他人做某事；请求他人做某事。

例：母はケーキを作ってくれた。　　　　　　妈妈给我做了蛋糕。

　　私は鈴木さんに自転車を貸してあげた。　我把自行车借给铃木了。

　　私は山村さんに京都を案内してもらった。我请山村带我逛了京都。

◇ 用言的终止形接续助词「し」，表示并列。

例：英語も勉強するし、日本語も勉強する。　我们既学习英语，又学习日语。

　　この部屋は広いし、明るいです。　　　　这个房间既宽敞又明亮。

◇ 动词的推量形，表示劝诱和意志（简体形式）。各类动词的推量形变化规律如下：

动词分类	活用规则	动词基本型		动词推量形
一类动词 （五段動詞）	词尾从「ウ」段移至「オ」段后接续「う」	買う	かう	買おう
		書く	かく	書こう
		話す	はなす	話そう
		待つ	まつ	待とう
		死ぬ	しぬ	死のう
		遊ぶ	あそぶ	遊ぼう
		読む	よむ	読もう
		売る	うる	売ろう
		急ぐ	いそぐ	急ごう
二类动词 （一段動詞）	词干接续「よう」	食べる	たべる	食べよう
		起きる	おきる	起きよう
三类动词 （サ変動詞）	しよう	する		しよう
		勉強する		勉強しよう
三类动词 （カ変動詞）	こよう	来る	くる	来よう

例：これからもみんなで一緒に頑張ろう。　　大家以后也一起努力吧！

　　明日もこれを食べよう。　　　　　　　　明天还吃这个！

　　来年も日本語を勉強しようと思う。　　　明年还想学日语。

◇ 「そっか」是「そうですか」的口语表达。

◇ 「みんなで」中的「で」表示范围或方式。

234

単語：じしょ（辞書）　　　　　　词典；

やくだつ（役立つ）　　　　有用，起作用；

たいした（大した）　　　　了不起的，出奇的；

いわう（祝う）　　　　　　祝贺，庆祝；

◎ 基礎トレーニング

请根据下面的对话，在画线处写出日语译文，并反复朗读。

伊藤：小陈，昨天的生日聚会很开心吧！

_____

陳 ：是的，特别开心。大家都来了，而且还收到了很多礼物。

_____

伊藤：那太好了。

_____

陳 ：我觉得你送给我的词典，对于日语学习很有帮助。真是太感谢了！

_____

_____

伊藤：不客气，也不是什么很重要的东西，如果方便就用用看吧！

_____

_____

陳 ：好的，我一定会珍惜的。下个月就是你的生日了吧？

_____

伊藤：是的。我还是第一次在外国过生日。

_____

陳 ：是嘛。那大家一起庆祝吧！

_____

会話-2

（場面：楊さんが大西さんにお願いをします。）

楊　：大西さん、紙飛行機の作り方、もう一度教えてくれる？

大西：いいよ。じゃ、楊さん、今作ってみて。

楊　：はい。まず、四角い紙を真ん中から折って…。（しばらくす
　　　ると）はい、できた。

大西：なかなか上手じゃないか。よくできたね。

楊　：そう。折り紙って楽しいね。

大西：ええ、今度日本に帰ったら、日本の折り紙の本を送ってあげ
　　　るよ。

楊　：本当に、嬉しいわ。ありがとう。

大西：折り紙も一緒に送るから、楽しみにしていてね。

楊　：はい。

説明

◇ 句型「～じゃないか」是「～ではないか」的口语表达形式，以反问的语气委
　婉地表达自己的主张和意见。

　　例：なかなか上手じゃないか。　　　　　这不是做得挺好的嘛！

　　　　それはちょっと難しいじゃないか。　那样是不是有点儿难啊！

　　　　これは李さんのかばんじゃないか。　这不是小李的书包嘛！

◇ 「って」是一种口语表达，相当于「というものは」。此外，它还可以代表
　「と」、「という」、「ということだ」、「と言いました」等意义。

　　例：小林さんって面白い人ね。　　　　　小林是个很有趣的人啊！

　　　　明日雨が降るって。　　　　　　　　听说明天要下雨。

◇ 「～てあげる」表示自己（或他人）为他人做某事。注意不能用于比自己年长
　或地位高的人。

例：私は林さんにカメラを直してあげた。　　　我给小林修理了照相机。

田中さんは中橋さんを駅まで送ってあげた。　田中把中桥送到了车站。

単語：おおにし（大西）　　　　　　　　　　大西；

かみひこうき（紙飛行機）　　　　　紙飞机；

しかくい（四角い）　　　　　　　　四边形的；

まんなか（真ん中）　　　　　　　　正中间；

おる（折る）　　　　　　　　　　　折纸，折叠；

おりがみ（折り紙）　　　　　　　　折纸；

◎ 基礎トレーニング

请根据下面的对话，在画线处写出日语译文，并反复朗读。

楊　：大西，你能再教我一次折纸飞机的方法吗？

_____

大西：好的，你先做做看。

_____

楊　：好的，先把四方形的纸对折……，（过了一会儿）做好了。

_____

大西：这不是做得挺好的嘛！很棒！

_____

楊　：是嘛。折纸真是很开心啊！

_____

大西：是的，等这次我回日本，给你寄折纸的书。

_____

楊　：真的吗？太好了！谢谢！

_____

大西：折纸用的纸也一起寄给你，可以期待一下哈！

_____

楊　：好的。

_____

かい わ
会 話-3

ば めん　　かぎ　　み　　　　　　　　　　　　　　　り　　　　　　やまぐち　　　　　き
（場面：鍵が見つからないので、李さんが山口さんに聞く。）

り　　　　　　　　　　　　　　つくえ　　お　　　　　　　　　　かぎ　　み
李　　：山口さん、机に置いてあった鍵を見た？

やまぐち　　　　　　　　　　　　つくえ　　　　　　　　　　　　き
山口：いいえ、机にはないような気がする。

り　　　　　　　　　　　　　あと　　　　　　　　　　　だ
李　　：そう。後で使うから、出しておいたけど。

やまぐち
山口：違うところに置いたんじゃないの。

り
李　　：いや、確かカバンから出して、すぐ机に置いたと思う。

やまぐち
山口：じゃ、違うところも探してみようよ。

り
李　　：そうだね。

やまぐち　　　　　　　　　　　　　　　　ゆか　　お
山口：あ、あったよ。床に落ちてたよ。

り
李　　：よかった、よかった。

説明

✧ 动词的连用形2接续助词「て」再后续部分动词，构成补助动词的形式。例如「～ている」、「～てある」、「～ていく」、「～てくる」、「～てみる」、「～ておく」等。此段会话中的「～てある」表示动作结束后状态结果的存续。

例：机に置いてあった鍵を見た？　　　　　　你看到放在桌子上的钥匙了吗？

　　後の壁にきれいな絵が掛けてあります。　后面墙上挂着漂亮的画。

✧ 用言的连体形接续「ような気がする」，表示"感觉好像是……"。

例：机にはないような気がする。　　　　　　我觉得好像不在桌子上。

　　風邪を引いたような気がする。　　　　　我觉得好像感冒了。

✧ 补助动词「～ておく」，表示事先做好某种准备。

例：後で使うから、出しておいたけど。

因为一会儿要用，所以我才提前拿出来的。

明日友達が来るから、今日部屋を掃除しておこう。

明天朋友要来，所以今天提前打扫房间吧。

単語：おく（置く）　　　　　　　　放，放置；

　　　かぎ（鍵）　　　　　　　　　钥匙；

　　　あと（後）　　　　　　　　　以后，后面；

　　　だす（出す）　　　　　　　　拿出，放出；

　　　さがす（探す）　　　　　　　寻找，寻求；

　　　ゆか（床）　　　　　　　　　地板；

　　　おちる（落ちる）　　　　　　掉，落；

◎　基礎トレーニング

请根据下面的对话，在画线处写出日语译文，并反复朗读。

李　：山口，你看见放在桌子上的钥匙了吗?

_____

山口：没有，我觉得桌子上没有钥匙。

_____

李　：是吗? 因为一会儿要用，所以我才提前拿出来的。

_____

山口：是不是放在别的地方了?

_____

李　：我确实是从书包里拿出来以后，马上就放到桌子上了。

_____

山口：那咱们再找找别的地方吧!

_____

李　：好的。

_____

山口：啊！找到了。掉在地上了。

_____

李　：太好了！太好了！

_____

（場面：李さんと田中さんが伊藤さんの健康状態について話します。）

李　：田中さん、最近伊藤さんはあまりトレーニングに来ていませんね。

田中：そうですね。体がだるいと言って毎日寝てばかりいます。

李　：それはいけませんね。病院で見てもらったほうがいいかもしれません。

田中：私もそう思います。

李　：じゃ、今日はトレーニングをやめて、伊藤さんを病院へ連れていきましょうか。

田中：はい、そうしましょう。

李　：じゃ、今それぞれ準備して、10分後に伊藤さんの宿舎で会いましょう。

田中：はい、分かりました。

説明

◇ 动词的连用形2接续补助动词「てばかりいる」表示总是做某事。

例：体がだるいと言って毎日寝てばかりいます。

　　　他说身体疲倦，每天总是躺着。

　　　あの子は毎日遊んでばかりいて、ぜんぜん勉強しない。

　　　那孩子每天光是玩儿，一点儿都不学习。

◇ 動詞的连用形2接续补助动词「ていく」，表示动作由近及远地移动。

　　例：高橋さんを病院へ連れていきましょうか。　　帯高桥去医院吧。

　　　　山田さんは駅へ走っていきました。　　　　山田朝车站跑去了。

単語：　だるい（怠い）　　　　　　　　疲倦，倦怠；

　　　　びょういん（病院）　　　　　　医院；

　　　　つれる（連れる）　　　　　　　带着，伴随；

　　　　それぞれ　　　　　　　　　　　各自，分别；

　　　　しゅくしゃ（宿舎）　　　　　　宿舍；

◎ 基礎トレーニング

请根据下面的对话，在画线处写出日语译文，并反复朗读。

李　：田中，最近伊藤好像没怎么来训练啊！

_____

田中：是啊。他说身体疲倦，每天总是躺着。

_____

李　：那可不行。最好带他去医院看看。

_____

田中：我也是那么想的。

_____

李　：那今天就别训练了，带伊藤去医院吧！

_____

田中：好的，就按你说的办！

_____

李　：那现在分别去准备，10分钟后在伊藤的宿舍见吧！

_____

田中：好的，知道了。

_____

241

（場面：発表会の後、お二人が話します。）

渡辺：李さん、どうしたの。あまり元気がないね。

李　：今日の発表会で日本語でうまく話せなくて、恥をかいてしまったよ。

渡辺：それぐらいのことは気にしないで。まだ日本語を勉強して半年も経っていないんだから。

李　：それでも、みんなすらすら話せて、私だけだめだった。

渡辺：もしかして、緊張してた？

李　：うん、すごく緊張してたよ。頭の中が真っ白だった。

渡辺：なるほど。それはしようがないね。これからもっと練習しよう。

李　：うん。頑張るよ。

説明

❖ 表示能力，除了之前学习过的句型「～ことができる」，还可以通过动词接续助动词「れる（られる）」完成，具体接续规则如下：

动词分类	接续规则	动词基本型		可能动词
一类动词 （五段動詞）	词尾从「ウ」段移至「エ」段后接续「る」	買う	かう	買える
		書く	かく	書ける
		話す	はなす	話せる
		待つ	まつ	待てる
		死ぬ	しぬ	死ねる
		遊ぶ	あそぶ	遊べる
		読む	よむ	読める
		売る	うる	売れる
		泳ぐ	およぐ	泳げる

续表

动词分类	接续规则	动词基本型	可能动词
二类动词 (一段動詞)	词干接续「られる」	食べる　たべる	食べられる
		起きる　おきる	起きられる
三类动词 (サ変動詞)	できる	する	できる
		勉強する	勉強できる
三类动词 (カ変動詞)	こられる	来る　　くる	来られる

例：私は日本語が少し話せます。　　　　　　我能说一点儿日语。

　　私たちはまだ日本語の新聞が読めません。　我们还读不了日文报纸。

　　6時に起きられますか。　　　　　　　　你六点钟能起床吗?

　　宿舎で勉強できません。　　　　　　　　在宿舍不能学习。

　　日曜日でも来られます。　　　　　　　　星期日也能来。

✧ 词组「気にする」表示介意、担心、挂念。

　　例：それぐらいのことは気にしないでください。那点儿事情，不用在意。

　　　　人の話を気にしないでください。　　　不要在意别人说什么。

　　　　みんなのことをいちいち気にしたら疲れますよ。

　　　　老是在意大家的事情，你会很累的。

✧ 体言或用言的连体形、部分助词接续助词「だけ」表示限定程度和范围。

　　例：みんなすらすら話せて、私だけだめだった。

　　　　大家都说得很流利，只有我不行。

　　　　君にだけ話してあげます。　　　　　　我只跟你说。

　　　　スイッチを入れるだけで、操作が簡単です。

　　　　只是按一下开关，操作很简单。

✧ 「しようがない」作为常用口语表达，表示"只好，没有其他好办法"之意，
　　也称「仕方がない」、「仕様がない」。

単語：はっぴょうかい（発表会）　　　　発表会；

　　　はじ（恥）　　　　　　　　　　羞耻，耻辱；

　　　かく（掻く）　　　　　　　　　挠，抓；

　　　きにする（気にする）　　　　　在意，介意；

　　　すらすら　　　　　　　　　　　流畅，流利；

　　　もしかして　　　　　　　　　　或许；

　　　きんちょうする（緊張する）　　紧张；

　　　まっしろ（真っ白）　　　　　　纯白；

　　　しようがない　　　　　　　　　只好，没有其他办法；

◎ 基礎トレーニング

请根据下面的对话，在画线处写出日语译文，并反复朗读。

渡辺：小李，你怎么了？好像没有精神。

_____

李　：今天的发表会上，日语没能说得很流畅，丢脸了。

_____

渡辺：那点儿事情不用在意，你学习日语还不到半年呢。

_____

李　：可是大家都说得很流利，只有我不行。

_____

渡辺：你是不是紧张了？

_____

李　：对，特别紧张，脑子里一片空白。

_____

渡辺：怪不得。那也没办法啊。以后咱们多练习吧！

_____

李　：嗯，我会努力的。

_____

会話-6

（場面：山口さんが楊さんに日本料理店を紹介します。）

山口：楊さん、先週すごくおいしい日本料理店が見つかりました。

楊　：そうですか。私も日本料理が好きだから、今度一緒に行きましょう。

山口：楊さんは生のものが食べられますか。

楊　：ええ、刺身が大好きですよ。

山口：すごいですね。中国人はあまり生のものを食べないと聞きましたが。

楊　：ええ、普段はあまり食べませんが、食べられないわけではありません。

山口：そうですか。じゃ、今度いろいろ注文して試してみましょう。

楊　：はい、そうですね。楽しみにしています。

📖 説明

❖ 用言的連体形接続句型「わけではない」，表示"并不是……"。

　　例：普段はあまり食べませんが、食べられないわけではありません。

　　　　虽然平时不怎么吃，但是并不是不能吃。

　　　　私はよくカレーを食べますが、特に好きなわけではない。

　　　　我经常吃咖喱，但也并不是特别喜欢。

　　　　英語は下手ですけど、ぜんぜん話せないわけではない。

　　　　英语虽然不是很擅长，但也不是完全不会说。

245

> <ruby>単語<rt>たんご</rt></ruby>：りょうり（料理）　　　　　烹饪，菜肴；
>
> 　　　　みつかる（見つかる）　　发现，找到；
>
> 　　　　なま（生）　　　　　　　生的，半生不熟；
>
> 　　　　さしみ（刺身）　　　　　生鱼片；
>
> 　　　　ちゅうもん（注文）　　　点菜，订购；
>
> 　　　　ためす（試す）　　　　　试试，试验，尝试；

◎ <ruby>基礎<rt>きそ</rt></ruby>トレーニング

请根据下面的对话，在画线处写出日语译文，并反复朗读。

<ruby>山口<rt>やまぐち</rt></ruby>：小杨，上周我发现了一个特别好吃的日本料理店。

_____

<ruby>楊<rt>よう</rt></ruby>　：是吗，我也喜欢吃日本料理，下次一起去吧。

_____

<ruby>山口<rt>やまぐち</rt></ruby>：你能吃生的东西吗？

_____

<ruby>楊<rt>よう</rt></ruby>　：是的，我特别喜欢吃生鱼片。

_____

<ruby>山口<rt>やまぐち</rt></ruby>：好厉害！我听说中国人不怎么吃生的东西。

_____

<ruby>楊<rt>よう</rt></ruby>　：是的，平时不怎么吃生的，但并不是不能吃。

_____

<ruby>山口<rt>やまぐち</rt></ruby>：是嘛，那我们下次多点一些挑战一下吧！

_____

<ruby>楊<rt>よう</rt></ruby>　：好的，好期待啊！

_____

◎ 応用トレーニング-1

请在括号里填入合适的内容。

1. A：あなたはすらすら日本語が話せますか。

　　B：いいえ、（　　　　　　　　　　　　　）。

2. A：教室の壁に何が貼ってありますか。

　　B：（　　　　　　　　　　　　　）。

3. A：あなたは日本料理を食べたことがありますか。

　　B：はい、（　　　　　　　　　　　　）。

4. A：あなたの好きな料理は何ですか。

　　B：（　　　　　　　　　　　　）。

◎ 応用トレーニング-2

请自由回答下列问题。

1. あなたは誕生日に友達からプレゼントをもらったことがありますか。

2. あなたは友達に何かしてあげたことがありますか。

3. あなたは○○ができますか。（スポーツ、音楽、外国語、料理…）

4. あなたは日本語で発表したことがありますか。

5. クラスメートとよく日本語で話していますか。

◎ 応用トレーニング-3

1. 次の単語を文に直しなさい。

　　(1) 伊藤さん／くれる／辞書／使いやすい／た／が／は

　　　　→ _____

(2) 外国／誕生日／初めて／で／を／のは／過ごす／です

　　→ _____

(3) 日本／帰る／折り紙の本／送る／てあげる／に／を／たら／ます

　　→ _____

(4) トレーニング／やめる／矢野さん／病院／連れていく／を／を／へ／て／
ましょう

　　→ _____

2. 正しい答えを選びなさい。

(1) 確かカバンから出してすぐ机に置いたと思う。

　　(A. よかったですね。　　　　　　B. ほかのところも探してみよう。　)

(2) 体がだるいと言って毎日寝てばかりいます。

　　(A. それはいけませんね。　　　　B. そうしましょう。　　　　　　　)

(3) これからもっと練習しよう。

　　(A. お邪(じゃ)魔(ま)いたします。　B. うん、頑張ります。　　　　　)

(4) アンナさんは生のものが食べられますか。

　　(A. あまり食べられません。　　　B. 生のものが欲しいです。　　　　)

(5) 王さん、一週間に一度くらいでいいから、僕に中国語を教えて_____?

　　(A. あげない。　　　　　　　　　B. くださいませんか。　　　　　　)

(6) 先週、伊藤さんから手紙を_____。

　　(A. あげます。　　　　　　　　　B. もらいました。　　　　　　　　)

3. 線で文を結びなさい。

1	床		を注文する
2	とても緊張		に落ちる
3	折り紙		を折る
4	刺身		が役立つ
5	辞書		する

4. 以下の会話文を完成しなさい。

【登場人物：　友達の中山さんと徐さん】
（場面：コンサートの件について話す。）

中山：徐さん、今週末、お時間ありますか。

徐　：はい、別に用事はないんですが。

中山：じゃ、一緒にコンサートに行きませんか。それは良かったですね。

徐　：コンサート？

中山：ええ、香港の有名な歌手 周 〇〇が来ますよ。

徐　：本当ですか。でも、チケット、すごく高いでしょう？

中山：大丈夫。チケット2枚、ただで（　　　　　　　）ましたよ。／免費得到了2张

　　　票。

徐　：見に行きたいけど、お母さんが行かせて（　　　　　　　）かな？／不知道母

　　　亲会不会让我去。

中山：じゃ、聞いてみたらどう？午後の６時にスタートします。

徐　：はい、聞いてみます。

<small>しんしゅつたん ご</small>
新 出 単 語

辞書①	［じしょ］	名词	词典
役立つ③	［やくだつ］	自五	有用，起作用
大した①	［たいした］	连体词	了不起的，出奇的
祝う②	［いわう］	他五	祝贺，庆祝
大西	［おおにし］	人名	大西
紙飛行機④	［かみひこうき］	名词	纸飞机
四角い③	［しかくい］	形容词	四边形的
真ん中⓪	［まんなか］	名词	正中间
折る①	［おる］	他五	折纸，折叠
折り紙⓪②	［おりがみ］	名词・自サ	折纸
置く⓪	［おく］	他五	放，放置
鍵②	［かぎ］	名词	钥匙
後①	［あと］	名词	以后，后面
出す①	［だす］	他五	拿出，放出
探す⓪	［さがす］	他五	寻找，寻求
床⓪	［ゆか］	名词	地板
落ちる②	［おちる］	自一	掉，落
怠い②⓪	［だるい］	形容词	疲倦，倦怠
病院⓪	［びょういん］	名词	医院
連れる⓪	［つれる］	自他一	带着，伴随
それぞれ②③		名词・副词	各自，分别
宿舎②	［しゅくしゃ］	名词	宿舍
発表会②	［はっぴょうかい］	名词	发表会
恥②	［はじ］	名词	羞耻，耻辱
掻く①	［かく］	他五	挠，抓
気にする	［きにする］	短语	在意，介意
すらすら①		副词	流畅，流利
もしかして①		副词	或许
緊張する⓪	［きんちょうする］	自サ	紧张
真っ白③	［まっしろ］	名词・形容动词	纯白
仕様がない	［しようがない］	短语	只好，没有其他办法
料理①	［りょうり］	名词	烹饪，菜肴
見つかる⓪	［みつかる］	自五	发现，找到

生①	［ なま ］	名词・形容动词	生的，半生不熟
刺身③	［ さしみ ］	名词	生鱼片
注文⓪	［ ちゅうもん ］	名词・他サ	点菜，订购
試す②	［ ためす ］	他五	试试，试验，尝试
用事⓪	［ ようじ ］	名词	事情，应做的事
枚	［ まい ］	助数词	张
香港①	［ ホンコン ］	名词	香港
行かせる	［ いかせる ］		让去，允许去（使役态）

・ コラム ・

日本（にほん）の贈答文化（ぞうとうぶんか）

　日本人がいつもお辞儀（じぎ）を深々（ふかぶか）としながら、挨拶（あいさつ）をしている姿（すがた）をよく目（め）にすることでしょう。日本人にとって、贈物（おくりもの）は贈物自体（じたい）の中身（なかみ）や価値（かち）より、相手への心遣（こころづか）いを重視（じゅうし）します。休みに何処（どこ）かへ旅行（りょこう）に行（い）くと、習慣（しゅうかん）として職場（しょくば）やクラスメートに「これはちょっとしたお土産（みやげ）です」というように、人数（にんずう）が多（おお）くても食（た）べられるようなお菓子（かし）をお土産（みやげ）に渡（わた）します。

　和（わ）を尊重（そんちょう）する日本人は、贈物をもらうと、贈物のお返（かえ）しを考（かんが）えます。結婚式（けっこんしき）に参（さん）加（か）し、お祝（いわ）い金（きん）を送（おく）ると、お礼（れい）として品物（しなもの）が送（おく）られてきます。近所（きんじょ）の人が「これはお裾分（すそわ）け」と言（い）うように、少（すこ）しの物も周（まわ）りの人々に分（わ）け与（あた）えることは日本文化（ぶんか）に深（ふか）く根付（ねづ）いています。

　贈物（おくりもの）を渡（わた）す時（とき）、どのように言（い）えば良（よ）いか、少（すこ）し戸惑（とまど）うかもしれません。「つまらないものですが…」「たいしたものではありませんが…」「お口（くち）に合（あ）うか分（わ）かりませんが…」「お好（この）みか分（わ）かりませんが…」「よろしければどうぞ」と謙遜（けんそん）の挨拶（あいさつ）を交（か）わしながら、相手（あいて）に贈物（おくりもの）を渡（わた）すと良いでしょう。日本でこれからお世話（せわ）になる方（かた）、またお世話（せわ）になった方（かた）に少（すこ）しの感謝（かんしゃ）の気持（きも）ちとして贈物（おくりもの）をすると、とても喜（よろこ）ばれることでしょう。

応用トレーニング-1
せいかい
正 解：

1. まだすらすら話せません

2. 地図が貼ってあります

3. あります

4. 北京ダックです

応用トレーニング-3
せいかい
正 解：

1. (1) 伊藤さんがくれた辞書は使いやすい。

　　(2) 外国で誕生日を過ごすのは初めてです。

　　(3) 日本に帰ったら、折り紙の本を送ってあげます。

　　(4) トレーニングをやめて、矢野さんを病院へ連れていきましょう。

2. (1) B　　　　　(2) A　　　　　(3) B

　　(4) A　　　　　(5) B　　　　　(6) B

3. (1) 床に落ちる

　　(2) とても緊張する

　　(3) 折り紙を折る

　　(4) 刺身を注文する

　　(5) 辞書が役立つ

4. (1) もらい　　　　　　(2) くれる